湛庐 CHEERS

与最聪明的人共同进化

HERE COMES EVERYBODY

Zero to IPO

从0到IPO

[美]雅克·弗雷德里克·克雷斯特(Jacques Frederic Kerrest)著
桂曙光 桂羽勤 译

中国财经出版传媒集团
中国财政经济出版社

测一测

你知道初创公司的成功秘诀吗?

扫码鉴别正版图书
获取您的专属福利

扫码获取全部测试题的答案，一起了解创业者是如何走向成功的

- 如果你的初创公司已经有很好的产品开发流程和成熟的产品功能，你还需要根据同类竞争对手的策略而改变自己的经营策略吗?（　）

A. 需要

B. 不需要

- 麻省理工的一项研究发现，成功的初创公司在创立时，创始人年龄大约在（　）岁。

A. 25

B. 35

C. 45

D. 55

- 以下哪项更应成为公司寻找融资的理由?（　）

A. 公司运营状况不佳

B. 想进入一个新市场

C. 公司欠债

D. 公司资金链断裂

扫描左侧二维码查看本书更多测试题

致每一位与机遇抗争、
奋力将愿景变为现实的创业者，
这个世界需要你们。

推荐序

穿越小周期，看透大周期

吴世春
梅花创投创始人

2023 年，国内的创业环境变化很大，但不管创业融资环境和投资退出政策如何变化、OpenAI 的 ChatGPT 和马斯克的星舰发射如何酷炫、国内外经济形势如何演变，我们都需要回归到自己能做好的事情。市场只会奖赏那些心力强、自适力强的长期主义创业者，长期主义的本质不是跨越大周期，而是不断地看透大周期、穿透小周期。希望每位创业者都能具备这样的认知能力和行动力。

曙光兄最新译作《从 0 到 IPO》是一本很棒的创业全流程参考书，作者从自身创业经历出发，结合众多创业者的经验和观点，梳理了创业过程的 12 个关键环节，不仅介绍了自己是如何从零开始一步一步走向 IPO、实现梦想，还分享了创业过程中犯过的错误、学到的教训和建议的做法，相信创业者可以从中学到很多一手的实操干货。

梅花创投作为一家早期投资机构，投资了数百家创业公司，有很多次投资非常成功，也有一些不可避免失败了，作为一位天天跟创业者打交道的投资人，我也总结了 12 条愿意分享给创业者的感悟：

1. 一眼看透事物本质的创业者，其人生注定会跟别人不一样。什么是本质？本质就是事物的终局、赔率和规律。ChatGPT 让更多人拥有了看透事物本质的能力，这是一种认知上的平权。
2. 创业中最难的是选择创业方向。选择创业方向的三个标准：国家有需要、自己愿意坚持十年以上、自己有能力做好。如果暂时找不到合适的启动创意，不如加入其他优秀的创业团队，那样进步会更快。

3. 只要创业大方向没有问题就勇敢去做。创业者要一边做一边调整，调整之后继续做。先静之，再思之，三四分把握即做之。强行起飞之后，有了大义名份，有很多空中加油的机会。
4. 长期主义就是通过时间建立最坚固的壁垒。三年入行、五年懂行、十年称王，但很少人愿意在一个方向日复一日精进十年。成功如同一个景区，景区深处的绝佳风景处并不拥挤，拥挤只在入口处。
5. 创业者可以在生活中激发自己的野心。爬山时，能爬多高就爬多高；租房时，能租多高租多高；买房时，能买多高买多高。习惯性站在高处，总能看到别人看不到的风景。
6. 不要用战术上的勤奋去掩盖战略上的懒惰。有些创业者认为自己很能吃苦，但其实他们只是能吃体力上的苦。但成功的创业者，要吃这几种苦：第一，独立思考，吃脑力的苦；第二，耐克制，吃自律的苦；第三，学习进化，吃寂寞的苦；第四，点头哈腰，吃尊严的苦。这四种苦，才真正将人分出了层次。
7. 创业离不开好运气。好运气就是无数次蝴蝶效应的汇聚，与量子纠缠类似，看似混乱无章，实质是有规律可寻。我们可以去引导好运气出现，用各种方式去培养那些能带来好效应的蝴蝶。一个重要标准就是要让更多的人乐见你成功，所以你要乐于分享、知足、谦卑、融入，这样就能带来众多好的蝴蝶效应的“涌现”：好运气。
8. 无法解决的问题要迎刃而解。创业者遇到的那些最重大和重要的问题都是无法解决的，只能在发展和成长中超越它们。当你进步到更高的层次，上一个“卡脖子”的问题就会迎刃而解。
9. 要行动而不要精神内耗。什么是精神内耗？简单来说，就是给自己加戏太多，消耗自己；具体来说，就是：言未出，结局已演千百遍；身未动，心中已过万重山；行未果，想象困难愁不展；事已闭，过往仍在脑中演。
10. 要有定力和格局。杂事考验耐心，难事考验心态，大事考验定力。人若没有高度，看到的都是问题；人若没有格局，心中便都是鸡毛蒜皮。
11. 要有靶心思维。创业者的每项决策、每次行动都要瞄准靶心。为了做成事，可以放下成见、可以放下立场、可以放下自尊、可以放下自我。

12. 创业吸引力法则。第一，你相信什么，就会吸引到什么，这叫心想事成；第二，你怀疑什么，什么就会与你擦肩而过，这叫不信则无；第三，你抱怨什么，什么就在你身上发生，这叫怕什么来什么。

不要为人工智能（AI）大时代的到来时惊慌或者急迫，不管科技如何突破，人性、人心、基本需求作为核心都是不变的，变的只是各种外壳。周期往复，均值回归有普遍性。太阳下没有新鲜事，但历史不会简单的重复，它只会压着相似的韵脚。把握确定性，拥抱不确定性，做一个心力强、自适力强的长期主义者。

译者序

揭开创业的神秘面纱

桂曙光
腾飞控股合伙人
腾飞科创研究中心主任

全世界应该没有哪个国家像中国一样，举国上下都充满创新创业的活力。从改革开放之初一直到现在，创业者、民营企业家都是促进中国经济蓬勃发展的一股重要力量。尤其是最近几年，创业已然成了很多有梦想、有冲劲的年轻人一个很自然的选择！

尽管媒体上总有很多创业英雄的故事，但实际上，创业是件九死一生的事，带领企业从零到上市的过程中更多的是心惊胆战而不是风风光光。

尽管创业之路异常艰难，但总有一批有胆识、有梦想的创业者会义无反顾地走上这条路。这个国家、这个时代，也需要这样的勇敢者站出来。

作为一名创业者，要了解自己是否适合创业、要判断创意的好坏、要组建团队、要募集资金、要销售自己的产品、要扩大公司规模、要组建董事会，最后实现在资本市场上市。创业者可以从成功者那里学习和借鉴、跟身边的其他创业者交流探讨，也应该向《从 0 到 IPO》这样由成功的创业者系统性分享创业流程的书籍学习。

我在 2005 年获得清华大学 MBA 学位之后，加入清科集团（Zero2IPO），进入创业投资领域。后来，我又加入一家民营企业，帮助该公司于 2010 年在美国纳斯达克实现 IPO。再往后，我又加入 PE/VC 机构，从事中后期公司的投资，并于 2014 年年底参与创立了早期股权投资机构“京北投资”，以及一个专门为天使投资人及潜在天使投资人服务的平台“天使茶馆”。回顾自己的职业生涯，既有在创业公司、大型成熟公司的工作经历，又有从事早期投资、成熟期投资、上市及并购等不同阶段资本运营的经验。在创业投资领域 17 年的时间里，我先后服务和投资了一批创业公司，也通过线上（微博、公众号、抖音等平台）分享和线下授课的方式，为众多创业公司提供过融资、战略、产品、营销等方面的服务。

一直以来，我都想把我为创业公司服务过程中的一些体会分享给更多的创业者和潜在创业者，但苦于没有时间做系统性整理。我曾在 2010 年出版了《创业之初你不可不知的融资知识》一书，并在 2020 年再版时更名为《股权融资》。书中主要针对初创公司股权融资的操作进行了深入的剖析，是一本面向创业者融资操作的"辅导书"。但融资毕竟只是创业过程中的一个很小的环节，而且大多数创业公司甚至都没机会经历这个环节。

我其实一直想写一本完整、系统地讲创业的书，但是在看过国外一些优秀的实战操作类创业书之后，发现翻译一本好书也是不错的选择。为此，我在几年前翻译了全球最著名的加速器之一 Techstars 的两位创始人，大卫·科恩（David Cohen）和布拉德·菲尔德（Brad Feld）编著的《创业唯快不破》一书，其中有几十位初创公司的创始人分享自己的创业经验。这是非常优秀的一本书，但我总感觉还是欠缺点什么，直到看到本书——一本围绕一家公司，分享其从创业直到上市全过程的经验的书。非常凑巧，本书的英文名 *Zero to IPO* 正好是我进入创业投资领域的启蒙公司清科集团的英文名称。

2009 年，本书的作者弗雷德里克·克雷斯特与朋友创办了 Okta 公司。2011 年，该公司面临巨大的经营困难，公司的投资人本·霍洛维茨（Ben Horowitz）借鉴自己作为曾濒临破产的创始人的经验，给了他们一些具体的、战术性的建议。他们立即按照霍洛维茨的建议去做，公司情况开始好转，销售额上升，业务快速增长。6 年之后，Okta 上市，市值几百亿美元。在商业领域，这种过来人的经验和认知，对创业者的影响往往是从失败到成功的天差地别，它不仅会改变公司的发展历程，也会改变创业者的人生轨迹。

作为投资人，克雷斯特天天都会收到所投资的创业者与他直接见面交流的请求，或是意气风发的陌生创业者通过社交媒体、社交软件发来的信息，他们想要探讨自己创业公司的前景或者就公司经营中遇到的问题寻求一些建议。在过去的十几年里，克雷斯特结识了非常多的商界领袖、知名投资人、成功创业者，他们在公开和私下场合里分享过很多真知灼见。克雷斯特认为，他们的这些智慧早就应该分享给大众，从而揭开创业世界的神秘面纱，他希望通过传播这些来之不易又不为众人所知的创业秘密，帮助更多的人得以享受创业成功的果实。

这正是克雷斯特写作这本书的原始动机。克雷斯特本人作为成功的创业者，不仅分享了其他人的经验和见解，同时也分享了自己的创业公司从创立到成功上市的全部过程，让人感同身受。本书的内容完整涵盖了创业过程中的所有主题，每一章都包含了创业故事，有的来自作者自身，更多的则来自硅谷的众多创业者、投资人和公司高管。作者和书中分享经验的很多创始人都已经成功打造了自己的上市公司，他们的很多建议不仅适合高成长的初创公司，也适合“小而美”的现金流型公司。

创业之旅虽然艰辛，但也妙不可言，我鼓励每位有志创业的人都参与其中。无论创业成功与否，几乎没有什么事情能与从 0 开始创立一家公司、创建一些真正值得称道的事业相提并论。无论是对美国硅谷的创业者，还是对中国的创业者，本书都会有帮助。在本书中，你会看到真正决定结局差异的是什么。

目录

引言

三大生存法则

2011 年 7 月，我意识到自己失败了。

我开着那辆一身毛病、开了 17 个年头的本田雅阁老爷车沿着旧金山的哈里森街行驶，一层厚厚的灰色浓雾笼罩在这座城市上空，尤其是笼罩在我的头顶上。我考虑干脆返回自己的公寓，不出席会议了。毕竟，还有什么可说的呢？我们的公司完蛋了。

2009 年，我和朋友托德·麦金农（Todd McKinnon）一起创办了 Okta 公司。它源于一个相当简单的创意：我们都认为商用软件正在走向网络化，通过光盘安装软件的日子很快就要结束。最终，必须有人来确保软件网络化之后用户都能登录。这种服务肯定有用，对吧？

我和麦金农走进我们那狭窄办公室里的小小会议室，公司的董事们正在那儿等着我们。他们还不知道我们将要宣布的消息：他们在我们身上押下的钱会全部打水漂。我试着记住这一刻，把他们的微笑留在脑海里。会议结束的时候，将没有人笑得出来。

“接下来，我来深入讲解公司的季度报告。”我说。

我熬了一整夜，毫无意义地给演示文稿添加了一些幻灯片，希望在宣布坏消息之前用一些细枝末节来放松董事们紧张的情绪。当我展示各种数据时，我可以看到他们的注意力被分散了。有一页关于招聘的幻灯片，还有一页关于潜在客户的，最后，我们看到了我一直在担心的那页幻灯片：销售及收入。

“是的，所以接下来我要强调的是，我们在销售上遇到了困难。”我说，“销售额比预期少了 70%。”

所有人都抬起头来，这个数据引起了他们的注意。他们似乎怀疑自己是不是听错了，也许我说的是 17%？

我继续往下翻页。数据就在那里，所有人都能看得到。公司的收入曲线并没有如我们所期望的那样上升，而是像心跳停止者的心电图一样平直。我们卖的东西根本没人买。

“在给我们看这个数据之前，你先给我们看一堆乱七八糟的玩意儿？”一位董事问道，他一脸的惊讶。

“我来告诉你一件事，这次演示只要一页幻灯片就够了！”另一位董事厉声说道。

然后他们叫我离开会议室。他们想与我俩分别谈话，这样才能弄清楚到底发生了什么事情。因为麦金农是首席执行官（CEO），他们要先与他谈。

我走了出去，环顾了一下办公室。我是公司的总裁兼首席运营官（COO）。在过去的两年里，我将自己的一切都倾注在这家公司上。现在，它变得一文不值了。更糟糕的是，我妻子刚刚结束见习医师培训，我们背负了很多债务。我的压力达到了有史以来的最高水平，我需要出去透透气。

一个小时之后，我回到车里，漫无目的地开着车在市区游荡。这时，我接到了其中一位董事本·霍洛维茨的电话。我们用来启动公司的 100 万美元种子资金，有一半是霍洛维茨和他的合伙人马克·安德森（Marc Andreessen）给的，之后过了不到 12 个月，他们又投入了 885 万美元。

“你知道预测并不能转化为销售，对吧？”霍洛维茨说。

我嘟哝了一些站不住脚的话，他打断了我。我以为他会解雇我，并关闭公司。

但相反，他给了我两条建议。在后文我会详细阐述他所说的话，但在此我要讲的是我们交流的最终结果：他没有说我应该更加努力地工作，也没有指责我是个白痴（尽管我当时觉得自己就是个白痴），而是让我借鉴他作为一名曾濒临破产的创始人的经验。他给了我一些具体的、战术性的建议，告诉我如何才能摆脱死亡漩涡。那是他从自己的艰辛历程中学到的智慧。

在商业领域，这种知识往往只在少数被选中的人之间分享，它是一种手把手传递的经验。但对于一名创始人来说，是否获得这种知识往往就决定了成功和失败的天差地别。就我而言，这些建议扭转了一切。我们立即将霍洛维茨的想法付诸实施，情况开始好转。销售额上升，业务开始快速增长。在那次决定性的董事会会议 6 年之后，Okta 公开上市了。现在，在 2021 年的秋天，在本书即将出版之际，Okta 的估值超过了 400 亿美元。[1]

要不是因为那些建议，在那一时刻，我不认为 Okta 会存活下来。霍洛维茨的建议改变了公司的发展历程，同时，也改变了我的人生轨迹。

每个星期，我都会接到几位意气风发的创业者打来的电话或者发来的电子邮件，寻求霍洛维茨在那个灰暗的日子所给我的建议。他们寻找的是一些在现实世界中切实可行的真知灼见，这是市面上那些“大创意”（Big Idea）类商业书籍中所找不到的。我读过那种书，也很欣赏其中的内容，但当你身处战壕时，你想要的不是泛泛而谈。你需要的，是知道此刻应该做什么。

这正是本书所要讲述的内容。在过去的 20 年里，我一直在记录别人给我的建议。我很幸运，能与美国各地的数百位商界领袖和投资人相遇，我总是向他们请教。本书中给出的一些包含重要细节的技巧代表了 20 年来商业领域的智慧结晶。这些智慧结晶，来自那些为自己和投资人创造了超过 1 万亿美元财富的人。

在商业领域，这种从亲身经历中总结出来的能帮助创始人的建议往往只在少数被选中的人之间分享，它是一种手把手传递的经验。但对于一名创始人来说，是否获得这种知识往往就决定了成功和失败的天差地别。

[1] 上市公司的估值会随着股市波动而变化，本书中所有的估值都为相应的公司在 2021 年 11 月 15 日（本书原版出版前不久）的市值。私有公司的估值则来自该公司的融资和收购公告。

我们通常认为，成功的初创公司的成功是理所当然的，而失败的公司从一开始就注定要失败。但事实并非如此。

我自己对这些观点进行过实战检验，所以我知道它们的威力。我相信，这种智慧早就应该分享出来了。创业者、CEO 和董事会成员绝大多数都是拥有特权的人——毕业于少数几所名牌大学，而且通常加入了一些难以渗透的人脉网络。这种情况必须改变。无论是在美国还是在世界上的很多其他地方，大多数的经济增长都来自创业者和他们所创办的新公司。为了帮助更多人分得更大份额的蛋糕，我们需要揭开创业世界的神秘面纱，传播那些被严密掌控着的、难以获取的创业秘密。这些创业秘密应该分享给所有人。正是因此，我在写这本书之前创建了“从 0 到 IPO”播客；也正是因此，我决定将所有的真知灼见汇集在一起，在这本书里予以呈现。

很多人去读商学院，认为 MBA 课程能教会他们一些技能，使他们在金融和管理领域驾轻就熟。如果你的目标是去一家成熟的公司工作，那这种想法可能是对的。但如果你对解决某个问题有新的创意，你想自己创业，那么商学院通常不会给你提供路线图。我有幸进入麻省理工学院的斯隆管理学院就读，并在那里获得了创业和创新专业的 MBA 学位。我与很多同学和教职员工建立了终生的友谊；我学习了一些非常精彩的课程，其中有几门课与创业精神、科技创业公司等有关；我还曾负责运营麻省理工学院著名的“10 万美元创业大赛”。但即便是有这些经历，我从商学院毕业时，仍然对从 0 开始创建一家公司的过程知之甚少。我不得不去与那些在我之前奋斗过的创业者交流，以学习相关经验。这些创业者是我通过旧金山湾区的社交圈，以及 Okta 的投资人等渠道结识的。在本书里，我将介绍他们的智慧和建议。

本书的前几章将引导你完成创立和发展公司的关键步骤。虽然我和书中提到的很多人都已经建立起各自的上市公司，但对于打算让公司被收购或保持私有状态的创业者来说，其中很多建议也适用。毕竟，只有一小部分公司能够实现上市，很多创始人创立的公司最终将被大企业收入囊中。更多的公司则保持私有，但也能提供足够的钱，让你和你的同事们可以去做自己想做的工作，过上自己想要的好日子。你会发现，有些建议只适用于高成长初创公司。比如，如何从风险投资者那里募集资金。但大多数建议，从如何选择一个创意到如何打造公司的文化，适用于任何类型的创业者。

本书的编排，大致按照你在创业过程中所遇到的相关主题的顺序来进行。首先，我会讲到谁应该成为创业者，以及如何判断是否拥有一个好创意。在此基础上，我将聚焦于如何组建团队和募资。之后，我会讨论如何销售和打造公司文化，接着就是介绍如何发展和领导你的公司。我还会讲到当所有事情每况愈下时会发生些什么，以及如何在创业路上照顾好自己的心理和情绪健康。最后，我会讲讲与董事会合作及上市的问题。

这些内容被分成单独的章节，每部分都有一些要点总结。书中的一些故事是我自己的经历，不过大多数来自我在硅谷职业生涯中所遇到的众多创始人、投资人和公司主管。他们中的一些人在我的播客上讲述过自己的故事，一些人则是专门为本书而分享了自己的经历。本书中所有的故事和引述，包括各类专家的观点，除非另有说明，都源于这些访谈。

如果你是一名创业者，但没有生活在硅谷、纽约、伦敦、特拉维夫、东京，或者其他主要的创业中心（图 0–1），我希望你明白，你也可以成功。本书会对你有所帮助，但我还是要对你说实话：不管你生活在哪里，如果你要走上这条路，你的日子将是痛苦和艰难的。我们通常认为，成功的初创公司的成功是理所当然的，而失败的公司从一开始就注定要失败。但事实并非如此。在本书中，你将会看到真正决定结果差异的是什么。它可能会令你们当中的一些人放弃追求自己的目标。现在放弃，总要比以后放弃好。

如果你没有气馁，如果你做好了准备去承受多年的怀疑、不稳定和压力，那么欢迎来到创业的真实世界。

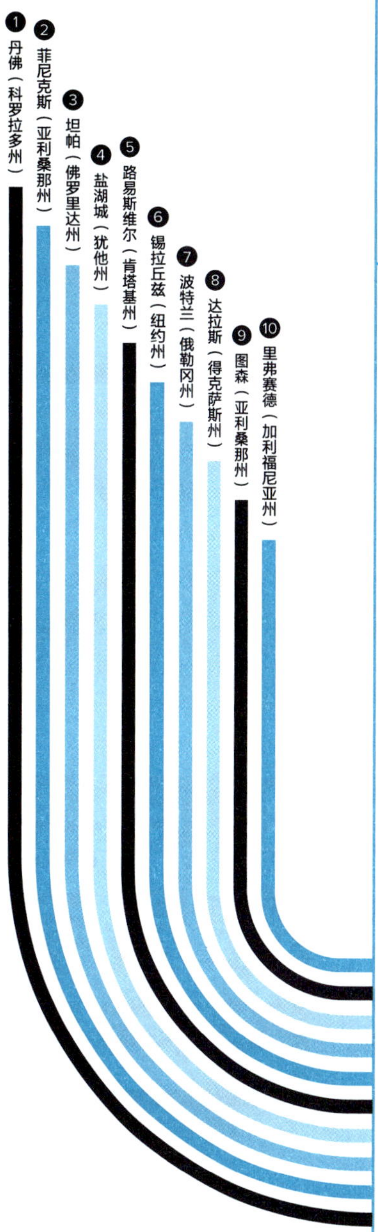

图 0–1 美国创业成本最低的 10 座城市

资料来源：“10 Best U.S. Cities for Startup Costs,” Embroker, October 2021.

三大生存法则

这本书中提供了大量极佳的战术性建议。如果你读到这里就准备放弃，我希望你即使没学到其他的，也能带着以下三条法则离开。

1 时间是你最宝贵的资产。

如果你拿了投资人（尤其是风险投资公司）的钱，这些钱上肯定连着一根导火索。给你投钱的风险投资者需要为自身背后的出资机构（比如养老基金和大学捐赠基金）创造回报。所以，一旦接受了风险投资，你就会面临要在相对较短的时间内获得巨大成功的压力。这个时间是多长？视情况而定，但通常来说至少要做好 5~7 年的打算。这意味着你必须仔细审视自己所做的每一件事，从最小的战术选择到最大的战略决策，看看这些事是有助于你快速行动，还是会让你放慢脚步。

2 将首要的事情放在首位。

我在商学院读书的时候，麻省理工学院斯隆管理学院的教授比尔·奥莱特（Bill Aulet）经常提醒我注意这一点。这条法则非常重要，我把它印成海报，贴在了办公室的墙上。它的意思是：优先级、优先级、优先级。不要纠结于无关紧要的细节。要始终清楚在接下来的一个小时、一个月或一年时间里，最重要的事情是什么。我对这条法则非常重视，甚至在 Okta 工作 10 多年之后，办公室里的同事仍然能听到我每天大声地问自己好几次：“好吧，我应该做的首要事情是什么？”我通过这种方式让自己保持专注。

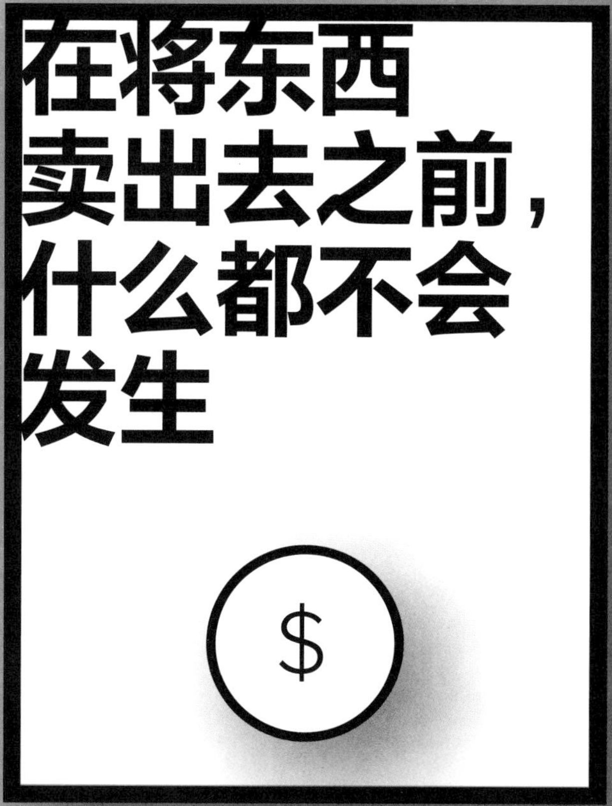

3 在将东西卖出去之前，什么都不会发生。

这是我贴在墙上的第二张海报。这句话源自 IBM 的首任 CEO 老托马斯·沃森（Thomas Watson Sr.）。当然，你可以随意嘲笑这些励志海报，但老沃森说得没错。当你第一次创业的时候，你会发现自己在几乎所有事情上都犹豫不决，从组织结构图到早期的招聘决策。但如果你卖不出东西，这些事情终归都不重要。你的业务重点是向客户销售你的产品，其他的一切都是次要的。

第1章

你应该创业吗？

我的黑色皮鞋湿透了，我的脚趾失去了知觉，但我还是要继续前进。在俄克拉何马州的公路上，为数不多的几辆汽车呼啸着在迅速堆起积雪的地面上疾驰而过。车主们想要逃离暴风雪，但我却无法逃脱，因为我是在步行。汽车驶过我的身旁，将难看的灰黑色污泥溅到我的西装和领带上。

“我要撑不住了。”我颤抖着喃喃自语，“我到底在做什么？”

答案很简单：我拼命想做成一笔买卖。

那是 2011 年 2 月，距离我在前文提到的那次糟糕的董事会会议还有几个月时间，我们的产品尚没有得到太多客户的青睐。俄克拉何马州塔尔萨市的一家石油天然气公司的一个家伙同意与我见面，所以我专门坐飞机过去向他推销。

不幸的是，那天早上暴风雪来袭，当我在酒店里打电话叫出租车时，接线员笑了。

“这种天气，没人会出去的。”说完他就挂掉了电话。

我已经乘飞机飞越了半个美国。我看了看手表，当时是上午 9 点，我有一个小时的时间赶到潜在的客户那里。我急忙跑到前台，把地址交给接待员。她说沿着高速公路过去有两三公里的路程，但是乘车去是不可能的，任何人在这种天气里开车出门都是玩命。

“你认为我能步行过去吗？”

她笑了，但随即停了下来。“等一下，你是认真的吗？”

“只要给我指出正确的方向就行。”

45 分钟之后，我开始明白一些事情：第一，当一辆大卡车从你身边飞驰而过时会产生多大的风力；第二，这才是创业者真正的模样——冷得发抖、满身污垢，只希望有机会说服一位陌生人购买你的产品。

当我奇迹般、跌跌撞撞地走进潜在客户的办公楼大厅时，保安关切地站了起来。

“你没事吧？”他说。

我看了看手表，现在是 10 点过 1 分。“我很好。”我微笑着说，下巴冻得不停颤抖。

如果依照媒体对初创企业的报道，你可能会认为创业是一条致富的捷径。当一家公司得以上市或者被收购时，欢呼鼓掌的文章层出不穷，却少有文章揭示该公司是如何实现这一目标的。事实上，创立一家公司更像是徒步穿越俄克拉何马州的暴风雪。你会被碎石、泥土和垃圾弄得焦头烂额，而这种情况甚至在你出门推销产品之前就已发生。

数据很明显：绝大多数的创业公司都失败了。剩下那些做得好、最后被大企业收购的公司，其创始人虽然也能大赚一笔，但还是难以与顶级 IPO 带来的巨额回报相提并论。能够在公开市场成功上市并让创始人一跃成为百万富翁的初创公司，数量微乎其微。

显然，这其中有运气的作用，但创始人的个人特质也很关键，以至于这一点成了投资人评估公司价值时首先要考虑的因素之一。你可以拥有一个绝佳的创意，但如果风险投资人想象不出你具备什么样的技能或心理素质来实现这个创意，他或她就会放弃。

在本章中，我将评述成为一名创业者需要具备的特质——技能、心态和性格。希望你读到这些时会禁不住想：“这就是我！”但如果你感觉不像自己，或者开始觉得反胃，那就听从你内心的声音。创业者的道路与奥德修斯之旅[1]无关，所以，你要确定创业是否适合自己。

“我要撑不住了。”我颤抖着喃喃自语，“我到底在做什么？”

[1] 在希腊神话中，特洛伊战争之后，希腊军归乡途中，因为英雄奥德修斯（Odysseus）激怒了海神波塞冬，所以波塞冬降下灾祸，使希腊军遇到海难，除奥德修斯外全军覆没。奥德修斯虽因机智和勇敢逃过一劫，但波赛冬愤怒未息，他让奥德修斯找不到回家的航线而不得不在大海里漂流，历尽艰辛苦难。后来人们用“奥德修斯之旅”来比喻漫长的历险旅程。——译者注

你拥有这些品质吗？

创业者必须具备的品质清单

每位创始人都是独一无二的。史蒂夫·乔布斯与马克·扎克伯格不一样，卡特里娜·雷克与埃隆·马斯克不一样，比尔·盖茨与阿里安娜·赫芬顿不一样。[1]尽管彼此之间存在差异，但他们都拥有一些共同的特质。你拥有这些特质吗？

□ **在不确定状态下茁壮成长的能力。**经营一家初创公司，意味着在做重要决策时你所拥有的信息，永远无法如你想要的那么多。不要指望收集30个数据点之后再进行回归分析，你能获得3个数据点就很幸运了。实际上，大部分时候你都是在猜测。所有事情都不确定，这种状况你能否坦然面对？

□ **推销技巧。**你每时每刻都是在销售。你不仅仅是要面对顾客，你还要面对投资人，他们为什么要支持你？面对人才，他们为什么要放弃稳定的工作加入你的公司？面对供应商，他们为什么要给你优惠的合作条件？还有，别忘了要面对你的配偶或伴侣（如果你有的话），他们为什么要同意让你用一个疯狂的梦想危及家庭的未来？

□ **情商和智商俱佳。**大多数优秀的创始人并不像刻板印象中的极客[2]那样不善社交，他们实际上很善于与人相处。他们知道如何鼓舞和激励他人。他们可以放下自尊，听取他们的团队、顾问和投资人的意见。所以，要确保你的情商能与你的智商相提并论。

□ **组织性和纪律性。**作为公司的老板，如果你行事杂乱无章或懈怠，没人会为你指出来。你必须自己督促自己。你能否将制订计划并自行完成当成理所当然之事？你能否在把握大局的同时，清楚地知道在具体某个星期或某个月份需要推进的事情？

□ **精力和驱动力。**你可能听说过这样一句话："人生不是短跑，而是一场马拉松。"没错，只不过创立一家公司的配速是每公里4分多钟。[3]你需要一直保持前进不停步。

□ **鼓舞人心的领导才能。**你能设定一个愿景和使命，让别人斗志昂扬地追随你吗？这倒不是要你做到亨利五世在"圣克里斯平节（St. Crispin's Day）演讲"中的那般水平[4]（不过你若能做到，那是一件光荣的事），鼓舞人心的方式多种多样，重要的不在于你怎么做，而在于你是否真的做了。

[1] 史蒂夫·乔布斯是苹果公司的创始人，马克·扎克伯格是Facebook公司的创始人，卡特里娜·雷克是Stitch Fix公司的创始人，埃隆·马斯克是特斯拉及SpaceX公司的创始人，比尔·盖茨是微软公司的创始人，阿里安娜·赫芬顿是著名网络媒体"赫芬顿邮报"的创始人。——译者注

[2] 美国俚语Geek的音译，指狂热于技术的人。——译者注

[3] 这个速度有多快？马拉松跑者的平均配速是每公里6分钟左右。

[4] 此处指的是莎士比亚戏剧《亨利五世》中那段著名的："亲如兄弟"（band of brothers）演讲。

需要掌握的更多技能

很多人认为，要成为一名创业者，关键在于得想出好创意（在科技领域，则得在有好创意的同时还得是出色的程序员）。然而将你的创意从 0 推进到完成 IPO，要做的工作非常多，并不是简单地勾画出你所设想的概念就可以的。看看下面这份清单，问问自己：我能做到吗？我喜欢这样做吗？因为这些事情实际上就存在于你的工作之中，你想取得的成就越大越是如此。

- [ ] **自信。**当我创立 Okta 公司时，我常说我是在“赌自己”拥有带领 Okta 走向成功的能力。当然，在最黑暗的时期，这种信心也曾动摇过。但我始终相信，只要我不断解决公司面临的问题，总会找到出路的。

- [ ] **韧性。**Napster 公司的创始人、曾任 Facebook 公司早期总裁的肖恩·帕克（Sean Parker）有一句名言：经营一家初创公司就像咀嚼碎玻璃——要想成功，你得爱上自己血液的味道。确实如此，你每天都会被现实迎面痛击。你是那种会不断爬起来的人吗？还是说你最终会选择“躺平”？

- [ ] 你能组建起一个团队吗？尤其是在你支付不起同等的薪水，也不能保证他们一年后还会有工作的时候，那些人愿意放弃成熟公司里稳定的工作追随你吗？

- [ ] 你能吸引资本投资，或者至少能说服银行给你贷款吗？

- [ ] 如果你是面向企业客户做销售，你能找到合适的高管，与他们建立联系并说服他们抽出时间听你推销吗？

- [ ] 一旦你做出了产品原型，你能说服客户参与测试吗？或者更进一步，他们愿意付费参加你的试点项目吗？

- [ ] 你能创建一个财务模型，学会预测及管理预算、现金流报表、资产负债表和损益表吗？

- [ ] 你能坦然面对冲突吗？你能解决人与人之间的矛盾吗？比如，你的公司里目标不同的高层管理者之间的意见分歧。

- [ ] 关于你的公司，你能讲述一个吸引人、令媒体有报道欲的故事吗？

怎么样？如果今天就开始，你能做到上面所有的事情吗？更重要的是，你会喜欢做这些事情吗？

创业者的驱动力是什么？

创始人的智慧

朱莉娅 · 哈茨
（Julia Hartz）
Eventbrite 公司

连续创业者的大脑中没有那块写着“这可能行不通”的芯片，他们往往看不到事情会如何失败，他们只看到成功的可能性。这是一种极富感染力的乐观主义精神。

特雷斯 · 塔克
（Therese Tucker）
Blackline 公司

我喜欢做决策，喜欢掌控自己的时间和生活。我不擅长回应别人。我很自信，我觉得自己拥有最好的创意，所有人都应该接受它。当然，这种想法完全没有根据，但当你没有其他办法的时候，这会帮助你渡过难关。

塞巴斯蒂安 · 特伦
（Sebastian Thrun）
Udacity 和 Kittyhawk 公司

我活着是为了赋予人们力量。当你投身于一项伟大的事业时，比如让世界上成千上万的人受益于优质的教育，你没有退路。

乔希·詹姆斯
（Josh James）
Omniture 和 Domo 公司

我记得在大学一年级的时候，我们坐在山顶上俯瞰山谷，说："总得有人登上山顶，那么为什么不能是我？"

梅拉妮·珀金斯
（Melanie Perkins）
Canva 公司

我真的很喜欢思考未来，我愿意花很多时间去想象世界将会是什么样子。

弗雷德·鲁迪（Fred Luddy）
ServiceNow 公司

创业者是这样一种人，他们如此热情地关注如何解决问题，甚至忽略掉很多日常生活中的事情。例如：我家里停电了，我被房东赶出去了，我的车被收回了，这背后的原因不是我没钱，而是我没时间去支付账单。账单会寄到我的手里，但如果信封不是粉色的，我甚至都不会想到去签支票。

为什么创始人就像海豹突击队员？

关键在于“长期专注”

2005 年，基思·麦克法兰（Keith McFarland），《突破之道》（*The Breakthrough Company*）一书的作者，对 250 名世界 500 强企业的领导者进行了“注意力和人际交往方式测试”（TAIS）。这种性格测评经常用于评估职业运动员、军队精英和企业高管在高压环境下保持专注、正确决策和沟通能力的状况。

TAIS 会评估 20 个不同的性格因素。麦克法兰特别研究了成功创业者的三个关键特质。第一个是他所说的“长期专注”，也就是一个人为了达到一个目标全力以赴的能力，包括为实现这个目标而做出极大的牺牲。麦克法兰将世界 500 强企业的领导者（通常是私有公司的负责人及创始人）作为创业者的代表。他发现，这些领导者在“长期专注”方面的得分高于传统 CEO。他当时写道，这意味着“与其他企业高管相比，他们与军事突击队员和运动员的共同点更多”。

在对第二个关键特质的研究中，麦克法兰观察了世界 500 强企业领导者们的“风险承受力”。通常的观点认为创业者比普通人更能承受风险，但麦克法兰有一个令人惊讶的发现：创业者们并不都是天生的“蹦极爱好者”。麦克法兰通过自己的公司“红色战略集团”（RED Strategy Group），与创业者们合作进行研究，从而提出一个假设：虽然创始人们并不痴迷于冒险，但他们在计算风险方面比其他人更为擅长。“他们看得到别人看不到的世界的关联性，”他说，“这让他们可以更好地理解一些可能性，即使他们并不总是能说得清楚，甚至可能都不知道自己掌握了这种能力。”

第三个关键特质，是创业者们如何应对压力。“压力下的表现”是 TAIS 评估的性格因素之一。500 强企业的领导者们得分为 83 分，比企业 CEO 的平均得分高出 45%。麦克法兰说，公司的创始人似乎喜欢直面逆境，“他们都是关键球员。当筹码减少，赌注又很高的时候，他们真的很想拿到球，然后给出致胜一击”。

梦想者 VS. 实干者

两种人都可以成为创始人

媒体会盛赞那些有远见卓识的人，比如史蒂夫·乔布斯、马克·扎克伯格、萨拉·布雷克里、马克·贝尼奥夫。[1]但并非所有的创始人都是幻想未来的天才魔术师。比如我自己，就不是特别有远见。而麦金农，我的联合创始人——Okta 的 CEO，则不一样，他非常清楚我们行业的发展方向，以及这个领域中成功的公司会是什么样子。我可没有那种本事。但我拥有执行的能力，这对我们的成功同样关键。事实上，我们这种合作关系在成功的初创公司身上是经常能看到的：创始团队中有一个人能想出绝佳的创意，另外至少还有一个人能把创意变成现实（后者通常被称为“实干者”）。因此，如果你是一位实干者，不要觉得自己没有价值，你只要找到一位“梦想者”合作就好。

[1] 萨拉·布雷克里是 Spanx 公司的创始人，马克·贝尼奥夫是 Salesforce 公司的创始人。[记录了贝尼奥夫创业的心智和历程的颠覆性佳作《Salesforce 传奇》（*Behind the Cloud*）中文简体字版已由湛庐引进，中国纺织出版社 2021 年出版]——编者注

未来 5 ~ 10 年有什么规划吗？

明确你的日程表

从你拿到风险投资的那一刻起，倒计时就开始了。因为风险投资人必须在一定的期限内把资金返还给他们背后的出资者，这给创始人带来了压力，他们必须尽快制定退出策略（通常是将公司卖给另一家公司或上市）。风险投资人通常希望能在 7 年内实现退出，但实际的时间跨度会因多种因素而异，包括公司所处的行业以及风投资金处于基金生命周期的哪个阶段。

压力增加的不是一点点，是大幅增加。你可能听说过“10 倍”（10×）这个术语，意思是风险投资人希望所投资的初创公司规模能成长到他们投入资金时的 10 倍。如果风险投资人给你签支票时你的公司估值为 4 000 万美元，他们会希望估值在 7 年内能达到 4 亿美元。为此，你必须扩大公司的客户基数、丰富产品线，并调整内部运营机制，以应对这巨大的增幅。这是一项艰巨的任务。

要实现这个目标，你必须甘于在未来 5 ~ 10 年里全心全意地扑在你的初创公司上，没有业余爱好（除了那些能帮助你保持精神清醒的）、没有副业。当然，你可以组建家庭——我的妻子是一名医生，我们在 Okta 创立的第 1 年结婚，在第 4 年、第 6 年和第 9 年陆续生了 3 个孩子，同时我俩都一直在工作。这事很难达成，但我们做到了。

你需要问问自己：我是不是极其想成为一名创业者，愿意在接下来的 10 年里从事且只从事这项工作？如果答案是“不”，或者是“可能不”，那么你就要重新考虑该不该选择这条路。

特别提示：即使你的初创公司不打算寻求风险投资的支持，上述要点仍然适用。虽然你不与风险投资人合作，但不管是什么规模的公司，在创立之初的 5 ~ 10 年里通常都需要你投入全部的时间和精力。不相信？你可以走进任何一家餐馆或小公司，问问那些老板，他们从开始创业到觉得可以停下来喘口气用了多长时间。

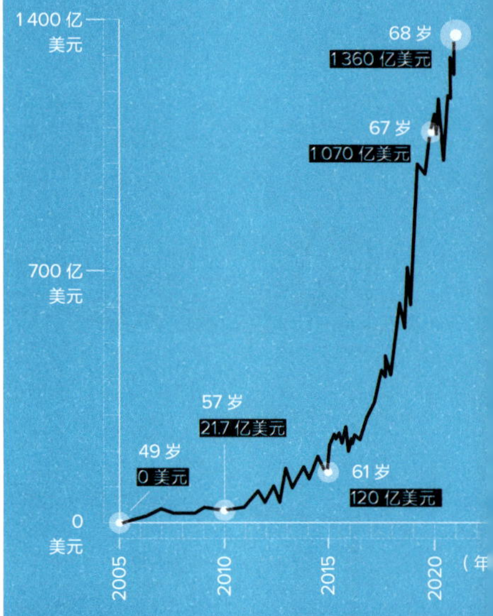

图 1-1 ServiceNow 的估值增长

（自弗雷德 · 鲁迪 49 岁创立时起）

50 岁是新的 37 岁

弗雷德 · 鲁迪在创立 ServiceNow 时，还差两周才迎来他的 50 岁生日。在他 68 岁时，公司的估值达到了 1 360 亿美元（见图 1-1）。鲁迪告诉我，尽管大家都相信年轻创始人的神话，但他从没有想过人到中年就不可以创业，“50 岁时，我觉得我的机会来了。”此前，他长时间在技术领域工作，包括担任一些非常高级别的职务。“我告诉自己，我要做这件事。”他说，“我学到了很多，观察到很多。我想我知道的足够多了。”

打破“天才男孩”的创始人神话

大多数优秀的创始人不是 20 多岁的大学辍学生

“老套的观念认为，创业者都是一些有着疯狂创意的孩子。”马克·安德森说，他是网景公司（Netscape）传奇的联合创始人，并与本·霍洛维茨共同创立了安德森－霍洛维茨投资公司。但这种观念是不符合事实的，“通常，那些人对自己的创意慎重地思考了 5 年、10 年甚至 15 年。等到创立公司的时候，他们已经具备了连我们这些投资人都无法想象的能力。”

麻省理工学院教授皮埃尔·阿祖莱（Pierre Azoulay）发现，成功的高成长初创公司在创立时，其创始人的平均年龄不是 25 岁，也不是 35 岁，而是 45 岁。在 2018 年《哈佛商业评论》（*Harvard Business Review*）发表的一篇文章中，阿祖莱和他的共同作者通过数据证明，大家对才华横溢的创始人往往很年轻这一刻板印象是错误的（见图 1–2）。文章认为：“如果你面前有两位创业者，除了年龄，你对他们一无所知，平均来说，押注在年龄较大的那位创业者身上，结果会更好。”

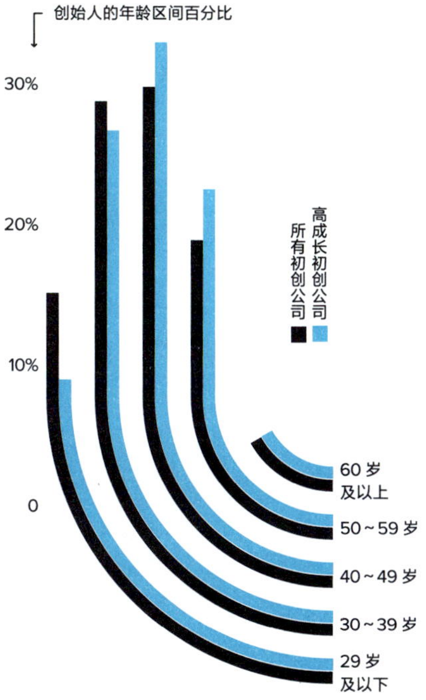

图 1–2 初创公司创始人年龄

高成长初创公司创立时其创始人的平均年龄为 45 岁。

资料来源：Pierre Azoulay et al., “Age and High-Growth Entrepreneurship,” NBER, nber.org, April 2018.

保罗·阿诺德（Paul Arnold）经营着一家名为 Switch Ventures 的风投公司，他开发了一个模型来预测应该押注在哪些创始人身上。他也得出了同样的结论：更高的受教育程度（尤其是就读于精英院校），以及更长的在高业绩公司工作的经历（尤其是担任高级职位的经验），与创业成功密切相关。

“那些曾经在谷歌、Facebook 或麦肯锡公司工作过的人，更有可能创建一家大企业。”阿诺德说。原因很简单：他们知道一个功能强大、效率高的组织是如何运作的。“如果你刚刚走出大学校门，可能会像扎克伯格那样意外获得成功，”他补充道，“但一般来说，你不知道一个成功的组织应该是什么样的，而在谷歌工作过的人则知道。”

第2章

创 意

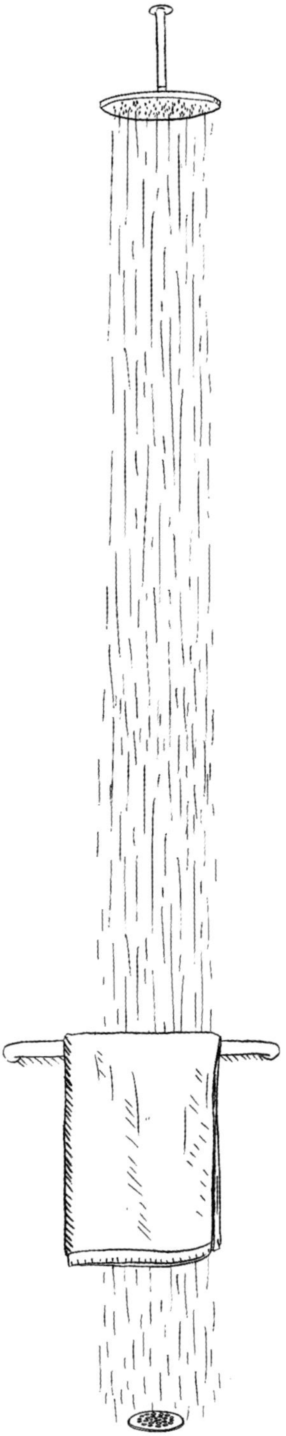

任何人即使是在洗澡的时候都能想到一两个创意。
——弗雷德·鲁迪

2008 年秋天，我在商学院学习的第二年（也是最后一年）开始了。我在 Salesforce 公司的同事们以为我只是抽时间去获得一个 MBA 学位，然后会回到公司。但我自己很确定，毕业之后我会启动自己的事业。我有一个很好的创意：一款针对孩子和他们父母的金融服务产品。这款产品就像在线支付工具 PayPal 和免费理财网站 Mint.com 的结合体，但针对的是 5 ~ 13 岁的儿童，它将成为成年人教他们的孩子如何储蓄和投资的一种方式。

我之所以被这个创意吸引，是因为我个人的成长经历。我的成长过程中充满了金融教育，但后来我发现，原来我的家庭与众不同。我的父亲刚移民到美国时口袋里只有 500 美元，可他最终在 6 家上市公司担任了 CFO（首席财务官）且表现出色，他总能让我和我的兄弟姐妹明白辛苦赚来的钱的价值，并教我们如何管理个人的预算和现金流。

在当时，线上的金融服务还相当新奇。PayPal 已经存在了一段时间，但 Mint.com 才刚刚创立没几年。在它们之前，人们用的是桌面软件，或者更普遍的是用纸质表格。在网上做支付、理财等事情的创意仍然相当超前。我知道我的创意将会是一记全垒打。

我对一些有孩子的朋友进行了调查，我要设法弄清楚这个市场空间到底有多大。我研究了有哪些应用编程接口（API，或数字网关）可用于银行与其他金融机构之间传输信息。我甚至敲定了一份初步的商业计划书。然后我与一些专家进行了交流，包括 PayPal 的前总裁杰夫·乔丹（Jeff Jordan）和 Xoom（一种海外汇款工具）的联合创始人凯文·哈茨（Kevin Hartz），但他们都告诉我同样的事情："在线支付真的很难做。"他们警告我说我的创意很"恐怖"，并强烈建议我不要实施。

我崩溃了。我花了 6 个月的时间研究这个创意，我想象着将要创建的这家神奇的公司。而且，这家显然具有开创性的公司，将来毫无疑问地会上市，我甚至能想象到自己站在纽约证券交易所里敲响那只著名的开市钟。我信任乔丹和哈茨，他们比我更了解这个领域。所以我不得不面对一个残酷的事实：不管我多么想做，这件事都是行不通的。果不其然，10 多年过去了，虽然出现了各种各样帮助儿童理财的 App，但是没有一款能做到我想象中的规模和影响力。

那年冬天，我回到旧金山，在与 Salesforce 的一位高管共进午餐时，他试图说服我从商学院毕业之后去他手下工作。“不可能，”我告诉他，“我打算创立自己的公司。”“什么公司？”他问。实际上，我想到的这第二个创意，乃是受 Salesforce 这棵大树影响而生。“商用基础设施软件。”我回答道。我没有像对待前一个金融服务的创意那样深入思考过这个创意，但我观察过 Salesforce 的早期客户与各种各样的软件问题进行斗争，从中获得了足够的经验。我很确定这将是一件值得去做的事情。结果，我从这位高管嘴里得知，当时仍在 Salesforce 工作的麦金农也同样渴望做自己的事情。不久之后，我与麦金农见了面，剩下的事情就是历史了。

众所周知，创意多如牛毛，并不稀奇。就像 ServiceNow 的创始人弗雷德·鲁迪曾经告诉我的那样：“任何人即使是在洗澡的时候都能想到一两个创意。”

关键的问题是：你的创意到底有多好？它真的可行吗？如果可行，能盈利吗？如果能盈利，产品可触达市场（Total Addressable Market，TAM）[1]有多大？只有 10 000 名潜在买家的 TAM 太小，但如果有潜在的 1 亿人可能想要或需要这个产品，那将是一个更具吸引力的 TAM。

[1] 可触达市场 TAM 指的是你的产品可能的需求总量。西施犬穿的皮夹克，TAM 很小；而所有犬类通用的食品，TAM 则是巨大的。

仅仅因为我们想出了一个好创意，并不意味着这个业务就适合我们。

下一个问题：即使TAM足够大，但对你的产品的需求是否足够？仅仅因为1亿人可能会使用，并不意味着他们真的会购买。如果有足够的需求，你能否创建一家可生产数万（或数十万、数百万）件产品的运营实体，并获得可观的利润率，从而使你公司的最终估值数倍于你的投资人投入时的估值？

硅谷神话想让你相信，伟大的创意会魔术般地产生于创始人（尤其是年轻的大学生）身上——他们在匆匆忙忙准备了一份募资材料之后，突然之间就闪亮登场了。但是在现实中，创始人能提出创意，通常都是因为他们对某个行业或领域非常熟悉。有时候，他们能发现市场中有一块空白是别人尚未发现，或者是业界认为根本无法填补的。

有时候（就像我和麦金农一样），创始人会察觉到当前行业范式或生态系统的转变，这将为新机会的到来扫清障碍。想想1976年的苹果公司和该公司的第一台电脑，史蒂夫·乔布斯和史蒂夫·沃兹尼亚克（Steve Wozniak）都是电脑极客，他们花了足够多的时间不停折腾，然后才意识到，为大众制造一款个人电脑在经济上和技术上都是可能的。或者更近的例子，想想梅拉妮·珀金斯，她在21世纪10年代初开始打造在线设计工具Canva。上大学期间，她教别人使用图形设计软件，她能看出使用这些软件程序对普通人来说有多困难。在利用自己的专有设计软件创建了一家年鉴出版公司之后，她意识到自己可以开发一版每个人都会用的软件。

有时候，创始人起初选择的是这一条路，但在实践过程中意识到另一条路会带来更大，甚至更可行的机会。20世纪90年代末，马克斯·列夫琴（Max Levchin）和彼得·蒂尔（Peter Thiel）联手开发了针对手持设备的加密软件，但发现没人感兴趣；第二年他们再次联手推出了一款新产品，人们可以用它来进行无线汇款，这个创意催生了PayPal。

虽然Okta已经发展成一家估值数十亿美元的公司，但我和麦金农实际上并不是从一个绝佳的创意开始的。我们最初认为，客户可能希望使用基于云端的系统管理工具，以管理他们的“内部部署”（on-prem）软件（在公司自主拥有和运营的内部服务器上运行的软件）。但是在将这个创意告诉75位不同的IT主管之后，我们发现它并不是他们真正需要的东西。“这很有趣，”他们会说，“但它在我关注的问题中排不到前三。”

他们最需要的是一种方法，能用来管理员工访问云端软件的权限。我们立即抓住了这个问题。我和麦金农在网络企业软件领域的经验加起来超过 20 年，我们认识那些客户，我们了解他们的世界；而这项业务能发展成多大规模也是显而易见的，所有的公司、大学和政府部门最终都会使用网络软件，它们全都有同样的需求。

但是还有一件事我们必须考虑，而你也一样要考虑。仅仅因为我们想出了一个好创意，并不意味着这个业务就适合我们。我们需要做一些深刻自省。创建一家初创公司是一项艰巨的工作，在最好的情况下就是过几年疲惫的生活，而在最坏的情况下，它会耗尽你的韧性、乐观、决心和个人存款，最终让你一无所有。

所以，任何你决心投入其中的创意都必须是你非常在乎的东西，在乎到即便你面前的每一扇门都砰的一声关上，你也不会停下来。当你最顶尖的工程师离职、你原本指望的资金泡汤，又或者一位大客户抛弃了你，你也仍然会坚持下去，因为你对自己所做的事情深信不疑。

一旦你确定了一个绝佳的创意，你仍然需要把它提炼成你可以围绕它创业的东西。我们在这里不讨论这个问题，关于这个主题有很多优秀的著作：斯坦福大学教授、精益创业运动的发起人之一史蒂夫·布兰克（Steve Blank）就写了一本很好的书《四步创业法》（*The Four Steps to the Epiphany*）。在 Okta，我们参考这本书来寻找早期客户。

在这一章里，我们要探讨的是一个更基本的问题：你如何判断一个创意是否值得追求？让我们开始吧。

任何你决心投入其中的创意都必须是你非常在乎的东西，在乎到即便你面前的每一扇门都砰的一声关上，你也不会停下来。

像对待室内盆栽一样对待你的创意

给它充足的阳光

不知道有多少次，一些潜在的创始人告诉我说，他们不想过多地谈论自己的创意，因为担心我会剽窃他们。但如果你捂住手中的扑克牌不让别人看到，这只会妨碍你自己。除非你愿意让很多人了解你的创意，否则它不会变得更好。外界的观点可以帮助你了解类似产品的历史，这样你就可以避免他人犯过的一些错误。他们可以帮助你了解你所在行业的生产、制造和分销的运作方式，为你指出任何你应该提前计划的监管问题，还可以将你介绍给在这个领域工作的其他人——这些人也许能帮到你，也许会成为你的优秀员工。

当然，剽窃的罕见例外也会发生，但创始人通常应该保持开诚布公的态度，而不是守口如瓶。因为在绝大多数情况下，其他人不想，或者说不可能窃取你的创意，原因如下：

- **他们没有时间。**建设任何一家名副其实的初创公司都需要 10 年甚至更长时间的艰苦奋斗。要我扔下 Okta 再从头开始创办一家公司？绝不可能。
- **他们对你创意的了解远不及你那么多，而且永远也赶不上你。**大多数创始人花了好些年时间思考自己的创意，他们对自己的行业和客户了如指掌，他们与之交谈过的任何人都没有他们的专业深度。因此，即使有人试图跟风模仿你的创意，也会比你落后好些年。
- **他们不会像你一样对此创意充满激情。**建设一家初创公司的过程会跌跌撞撞，而且一再如此。除非你真的非常在乎自己要实施的创意，否则你无法成功。其他人可能会意识到你有一个极佳的创意，但如果他们没有像你一样沉迷于它，他们就不会走得很远。
- **他们实际上并不看好你的创意。**实际上，大多数人无法识别一个真正优秀的创意。更可能的情况是，你与之交流的大多数人会用所有的时间来告诉你，为什么你的创意永远都行不通。

现在就要求保密协议为时尚早

在澳大利亚珀斯市召开的一次会议上，梅拉妮·珀金斯见到了硅谷的投资人比尔·泰（Bill Tai）。她给比尔·泰留下了深刻的印象，比尔·泰告诉她，如果到了加利福尼亚州就去找他。但后来珀金斯犯了一个低级错误：她给比尔·泰发了一份保密协议。“我当时是这样想的，‘我已经掌握了出版业未来的秘密。只要你签署保密协议，我就可以告诉你。’”她说。结果如何？“我给他发了两次，他都没有回应。”

无论如何，珀金斯都决定要登上去美国的飞机。当她提出与比尔·泰见面时（这次没有提到保密协议），他同意了。他们在加利福尼亚州的帕洛阿尔托进行了面谈，这次会面带来的人脉推动了 Canva 的创立。

珀金斯对创意阶段保密协议的观念发生了巨大的变化。“我以为先把保密协议发出去，这样他就不会剽窃我的创意了。”她说。如今，在创业多年之后，她知道了当时所担心的事情是多么不可能发生。“我那时没有意识到，真正要开创出版业的未来会有多么困难。”

正如我在下一节里将要解释的那样，即使你的创意真的很好，也没有人会去剽窃它。大家会很乐意看到你放弃未来 10 年的生活去将它变成现实，甚至会资助你一些钱；但没有人会放弃自己正在做的事去创办一家新的公司，更何况他们对这个创意的理解几乎不可能与你相提并论。

辉煌的愿景并不能造就一家公司

有些想法太过于超前

1997年，亚历克斯·阿塞利（Alex Asseily）还是一名大四的学生，他为自己的毕业论文想出了一个创意。他说："那是一款苹果手表风格的界面，将它连接到耳机，你就可以控制自己的数字生活。"

当时的技术水平根本无法让这个创意变为可能，但是阿塞利被刚刚开始起步的移动革命迷住了。"可穿戴技术的创意让我很兴奋。"他说。当他向自己的毕业论文评审员们陈述这个创意时，得到的是鸦雀无声的回应。最终一位评审员对他产生了恻隐之心，"你认为未来10~15年内，这个创意中有什么部分是可以实现的？"她问道。阿塞利停顿了一下，然后天真地回答说："我还没有真正考虑过这个问题。"

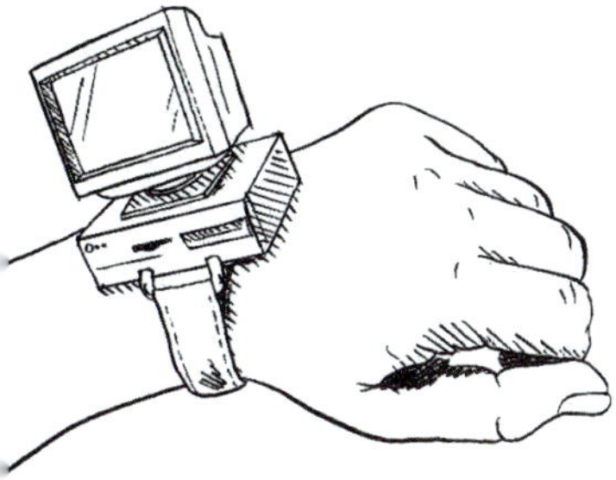

尽管如此，阿塞利仍然相信自己拥有一个绝妙的创意。严格来说，他并没有错，看看现在随处可见的苹果手表吧。1999年，他与人联合创立了AliphCom公司，想要打造一款由语音识别控制的通信手表。他约见了不少天使投资人，这些投资人对他所描绘的图景反响热烈，但是没人给他签支票。

"我们开始意识到，他们对愿景的喜爱并不意味着他们会投资。"阿塞利说。他承认，自己所展示的并不是一项生意，而只是"一个潜在产品的创意"。或许它是一个绝佳的创意，但考虑到当时的技术水平，在合理的时间期限内这个创意不可能变成现实。

最终，AliphCom转到了不同的方向。受到劳伦斯利弗莫尔国家实验室（Lawrence Livermore National Laboratory）开发的尖端语音传感器技术的启发（这项技术是实际可行的，AliphCom决定获取授权），阿塞利和他的团队开始为美国国防部高级研究计划局（DARPA）研发一种突破性的噪声抑制技术。这项工作获得了美国国防部的一系列合同，阿塞利他们最终也得到了一些有先见之明的天使投资人的资助。公司改名为Jawbone并调整了方向，致力于生产史上第一款面向个人消费者的高品质蓝牙耳机。这个过程创造了一种全新的产品类别，但它并不是阿塞利最初的设想。

"我在创业公司工作和参与创业公司投资的20年里学到的最重要的一课，就是如何帮助人们现实地思考自己所正在努力的事情。"阿塞利说。

当好的创意看起来很糟糕时（对他人而言）

如何了解其中的差别

一个关于初创公司好创意的事实是，如果它们真的很棒，比如对现行方案有 100% 的提升，大多数人是识别不出来的。正如马克·安德森所说："如果你的创意很好，那你必须说服别人接受它。"为什么呢？因为能想到伟大创意的人，能看到别人看不到的东西。引用伟大的冰球运动员韦恩·格雷茨基（Wayne Gretzky）的话："我是滑向冰球要去的地方，而不是它已经滑过的地方。"拥有真正有价值创意的创始人，能够看清行业的发展方向，他们不会因为有人唱反调就放弃。**相反地，他们会考虑其他人的反对意见，并判断对方的反馈是基于有益的分析，还是仅仅因为"没有领会"。**以下是你的创意可能被人质疑的一些常见原因：

- 这个人是你所在行业的专家，他认为自己能理解你的创意是如何运作的，但与你不同的是，他没有注意到技术或经济状况在如何变化，以及这些变化如何为你的这类创意提供了新的机会。你的下一步：调查他们对这个行业运作模式的假设，然后与你的假设进行对比。这些假设之间的距离越大，他的回答对你来说就越没有用处。
- 他们了解一些你尚未考虑到的监管障碍。如果你在规划时没有考虑现有的法规，可能会前功尽弃。你的下一步：从头开始，评估监管要求对你的时间表和成本结构的影响。
- 他们以前可能见过类似创意失败的情况。谷歌刚上市的时候，技术专家们并不看好它，因为以前的搜索引擎都很难找到可行的商业模式。然而，谷歌发现了其他人都没有考虑过的一种革命性的收益机会。你的下一步：比较你的与反对者的假设，两者越接近，反对意见就越有可能是对的；两者之间的分歧越大，他们的反对可能就越无关紧要。

见 解

只有 1% 的有趣东西被发明出来了，剩余的 99% 还没有。

——塞巴斯蒂安·特伦
Udacity 和 Kittyhawk 公司

- 他们完全不理解你的创意。Instagram 的产品曾被很多人看成是很傻气且毫无意义的。当时很少有人能理解，视觉传达对智能手机用户有多重要，以及品牌方可以如何利用这些工具进行营销。你的下一步：如果你已经创造了一些看似微不足道的东西，集中精力找出需求。如果你能创造需求，那你可能就做对了，错误的可能是反对者们。

架构转变是发明之母

也催生无数的新公司

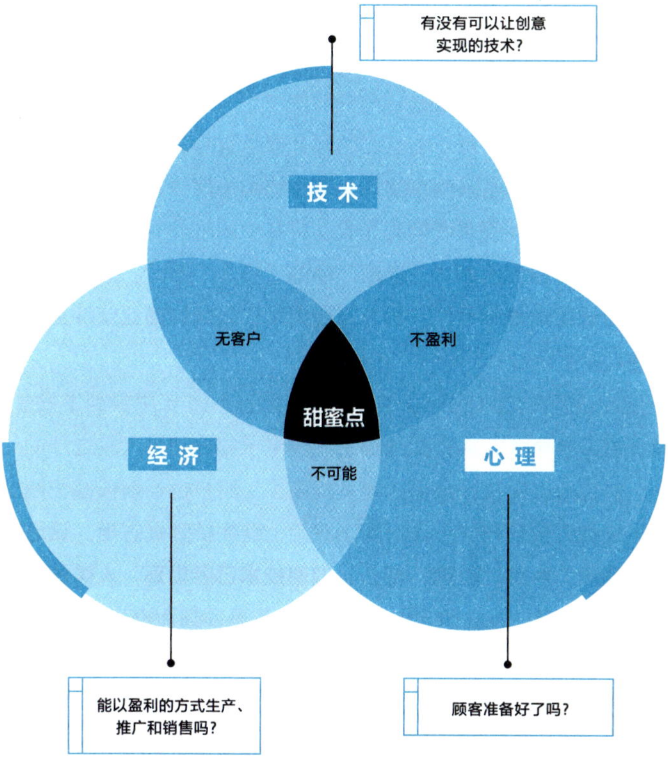

图 2–1 安德森“三要素”

马克·安德森确信，没有任何真正的新创意。如果你认为自己已经神奇地发现了一个，安德森会告诉你，你可能错了。更可能的情况是，你没有做足功课，没有研究你的创意的渊源。但如果真的有一个新创意，你可能会问：为什么没有其他人成功地将这个天才的创意转化为一家公司呢？根据安德森的说法，这是因为一个创意的出现，必须具备三个前提要素（见图 2–1）：

技术因素：有可以让这个创意实现的技术吗？

经济因素：能够以顾客愿意支付的价格生产和销售吗？

心理因素：顾客准备好了吗？

如果没有同时满足这三者，你的创意几乎没有成功的机会。

基础架构的转变创造了巨大的机遇。企业级运算曾经需要大型主机，它们大到不得不放置在专门的机房里。随着芯片变小，计算机也变小了，桌面计算为商业软件创造了一个新的市场。随着个人消费者开始购买家用计算机，另一个新的市场出现了：个人软件。随着芯片进一步变小，智能手机出现了，随之而来的是 App 行业的爆炸式增长。

在这些转变中，初创公司的优势明显。现有的公司可能有更多的资金储备，但它们无法迅速对自身进行重组，去抓住新的机会。克莱顿·克里斯坦森（Clayton Christensen）在他的著作《创新者的窘境》（*The Innovator's Dilemma*）中，对这个观念做了非常有名的介绍。从内部部署的商业软件到基于云端的工具，这样的转变为 Okta 以及无数其他初创公司［包括弗雷德·鲁迪的 ServiceNow 和阿尼尔·布哈斯利（Aneel Bhusri）的 Workday，其中布哈斯利是 Okta 的早期董事会成员之一］创造了巨大的机会。这是一个很好的例子，说明了架构的转变如何为创业者带来大量的新机会。

过去的情形

几十年来，企业不得不在自己的服务器上运行商业软件。云服务还没有出现，互联网是新生事物。企业必须购买软件并安装在自己的服务器上，就像个人消费者购买光盘并将其中的软件安装在自己的计算机上一样。**这是安德森“三要素”中的“技术”部分。除非互联网和网络连接速度增长到足以支持它，否则基于云端的商业软件是不可能实现的。**

技术

即使互联网在 20 世纪 90 年代和 21 世纪前 10 年中得到了发展，技术也还是不够强大，人们无法将它用于电子邮件和聊天室之外的任何用途。但后来，即使网络连接速度提高了，用户也不信任基于网络的工具。比如，曾几何时，人们甚至对网上购物持怀疑态度。**这是安德森“三要素”中的“心理”部分。即使技术已经出现，人类也没有做好迎接它的准备。**现在想起来有点疯狂，但是回到 2009 年，当我和麦金农在推销 Okta 的创意时，我们交流过的很多人根本不相信企业会将它们的业务迁移到基于网络的工具上。

心理

创建今天普遍使用的商业软件，这个创意似乎很可笑。人们认为这种软件会比他们习惯的工具难用，而且害怕将自己的业务数据迁移到网络数据库中。

情形的变化

不过像鲁迪、布哈斯利和我的前老板马克·贝尼奥夫（他在 1999 年与他人共同创立了 Salesforce）这样的有远见者，他们展望未来，并能够预见商业软件最终将迁移到网上。反对者关注的是他们认为可能成为问题的事情，但鲁迪、布哈斯利和贝尼奥夫看到的则是网络软件将带来的所有好处。

例如，内部部署的软件很难更新，无论你是想修复漏洞还是添加新功能，都必须从供应商那里获得新的软件副本，然后在自己的设备上手动安装。这对每个人来说都是一场噩梦。鲁迪、布哈斯利和贝尼奥夫知道，一旦所有的东西都联网，任何的更新都将由供应商在后台完成，就像如今 Gmail、Dropbox 和 Airtable[1]等的服务方式一样。客户什么都不需要做，生活会容易得多！

贝尼奥夫是第一批投身于这个新世界的先驱之一，我们和其他人在 21 世纪前 10 年里紧随其后。然而，转折点直到 21 世纪 10 年代的初期、中期才真正到来。在此之前，企业高管们还没有做好迈出这一步的心理准备。没有哪家公司的 CIO（首席信息官）会因为坚持使用内部部署工具而被炒鱿鱼，但如果他们转而采用云服务，肯定会丢掉工作，而且问题会很严重。

现在的情形

如今，云计算无处不在。你工作过的公司或者就读过的大学可能都在使用基于云端的工具，比如，微软的 Office 365、Salesforce、亚马逊网络服务、谷歌 Workspace（以前叫 G Suite）、Slack、Zoom、Box，乃至 Okta。

[1] Gmail 是谷歌的电子邮箱工具，Dropbox 是一款网络存储工具，Airtable 是一款在线表格制作工具。——译者注

经济

随之而来的是商业软件的爆炸式增长。以前，构建内部部署工具所需的费用限制了能够参与这场游戏的公司的数量。与之相反的是，构建基于云端的工具更容易，成本也更低。在云服务出现之前，你不能像 Box 公司的阿伦·利维（Aaron Levie）和他的联合创始人那样，在沙发上或父母的阁楼里做出一些东西，然后把它们扔到互联网上就可以。在内部部署的情况下，你需要至少 1 000 万美元来给所需的设备和人员买单（这还只是起步阶段）。如今，你从天使投资人那里拿到 10 万美元（有时甚至更少），就可以启动一个基于云端的创意。**这是安德森“三要素”中的“经济”部分。这个行业要实现腾飞，构建和购买基于云端的工具必须要更便宜。**

相应，市场的需求出现了增长。由于内部部署软件非常昂贵，企业无法大量购买。而现在，很多云端工具都非常便宜，企业可以使用得更多。

认识到这些变化正在发生并且有勇气投身其中的创始人，他们做得非常出色。当然，最初的几年里赚不到什么钱，日子非常难过。但是像 Salesforce、Workday、ServiceNow 和 Okta 这样的公司，如今已变得非常有价值。早早进入这个领域让我们巩固了自己的领先地位，现在很多公司都成了所在行业的领导者。

做大或者放弃

仅仅好 10% 还不够好

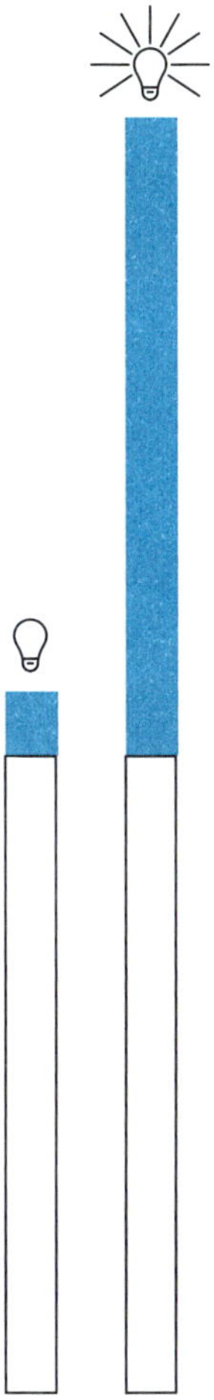

问自己一个问题：我的创意与已经存在的解决方案有什么不同？如果它只是比现有的方案提高 10%，那就不是一个好创意。如果你的创意只是渐进式改善，就会发生以下两种情况：

1

你的潜在客户不在意这额外的 10% 的好处，他们不打算放弃已经用惯的产品，转而去购买你的产品。这一点对于商务系统来说尤其明显，对个人消费品来说其实也是如此。

2

即使客户确实愿意放弃他们的旧东西，选择一个稍微好一点的新东西，拥有更多资源和能力、规模更大的竞争对手可能会比你更快地将产品推向市场，并且以更低的价格销售。任何改善 10% 的方案都是很容易看得到的，而如果是这样，那传统的大玩家很可能已经在推进此事了。

相反，你的创意需要比现有的解决方案好 100%。这通常需要某种形式的飞跃。爱彼迎是酒店服务业的一次飞跃，它不是简单地打造一家比其他酒店酷炫 10% 的酒店，它完全重新构想了酒店服务可以是什么样子，以及谁能提供这种服务。

伟大的创意源于何处?

有些来自教室，有些来自监狱

梅拉妮 · 珀金斯
Canva 公司

我在大学时期教过别人如何使用 InDesign 和 Photoshop 之类的设计软件，我看到有很多学生甚至连最基本的东西都学得很吃力。起初，我推出了一个在线工具来设计大学年鉴。当我 2010 年来到硅谷与投资人见面交流时，我已经意识到我们可以利用年鉴工具背后的创意来重塑各种各样的设计。

弗雷德里克 · 赫特森
(Frederick Hutson)
Pigeonly 公司

我曾在监狱里服刑将近 5 年。我亲身体验了与亲人保持联系的困难和昂贵。我也注意到，那些有钱打电话的人（电话费很贵），一旦刑满释放就再也不会回到监狱，但是那些没钱打电话的人，我看到他们最终又回到了监狱。后来我发现，有很多关于这方面的研究——与家人保持联系并得到很多支持的人，一旦离开监狱往往不会重新犯罪。

阿伦 · 利维
Box 公司

2004 年，我在南加利福尼亚大学上学，我高中时期最好的朋友之一迪伦 · 史密斯（Dylan Smith）[1] 就读于杜克大学。那个时候文件共享异常困难，你要么通过电子邮件将文件发送给自己，要么用 U 盘拷贝或用 FTP 站点下载。我们基本的想法就是：“必须有一个更好的方法来解决这个问题。”我们确信这可以变成一家估值 5 000 万美元的公司。（现在它的估值是 40 亿美元。）尽管我们的预测是错的，但我们对这个基本创意的看法是对的，即所有数据都应该以安全的方式存储在网络上。

[1] 史密斯后来与利维及另外两人联合创立了 Box。

弗雷德·鲁迪
ServiceNow 公司

因为所工作的公司破产了，于是我创立了自己的公司。我在之前那家公司所持有的股权曾经价值 3 500 万美元，后来却变成了 0。我发现自己在 49 岁的时候失业了，于是我对自己说：“我已经为足够多的人工作过，现在来看看，我自己干能否成功。”我有足够的钱，大约能支撑 36 个月的生活开销。我的脑子里缺乏对商业方面问题的认知，但我从 16 岁开始就是一名程序员，每天醒来我都希望有时间来编写代码。因此，我开始研究在之前那家公司工作期间涌现出来的所有新语言和新技术，然后开始思考它们能解决什么问题。

塞巴斯蒂安·特伦
Udacity 和 Kittyhawk 公司

2013 年的一天，我开车经过一个停车场时，看到了数百名无家可归的人。这件事触动了我的心弦，我开始在我的公寓外面为他们提供食物。我做意大利面作为晚餐，我在街上摆了一张桌子，向他们分发盒饭。后来我租用了一些桌子和椅子，这样他们的体验就更像在餐厅用餐。与此同时，送餐 App 的出现让我着迷。我意识到，餐馆需要类似的 App，以便把剩余的食物分给有需要的人。在这款 App 上，餐馆可以发消息说“我剩余了一些 XXX 食品”，然后有人可以把东西捐给非营利组织。

贾丝明·克罗（Jasmine Crowe）
Goodr 公司

我并没有真正选择去创办一家创业公司，是创业机会选择了我。我当时正在运营谷歌 X 实验室[1]，偶尔也在斯坦福大学教书。我决定把我的人工智能课程上传到网上免费分享。我给一些朋友发了电子邮件，让他们告诉自己的学生，可以在网上选修这门课，且可以得到与斯坦福大学学生同样的指导。这封电子邮件在网上疯传。周五下午的时候有 5 000 人报名，到了周日早上已经是 10 000 人了。最终报名的学生人数增至 16 万，他们来自世界各地。我记得那段时间去了 Lady Gaga 的一场演唱会，看着现场的 4.5 万人，我觉得这与我网络课堂上的人数根本没法比。

[1] 现在简称“X”（或“X 部门 LLC”），这是谷歌的母公司字母表公司（Alphabet）旗下的“‘登月项目’分部”（“Moonshot” Arm），负责进行全新技术领域的研发工作。

第3章

团 队

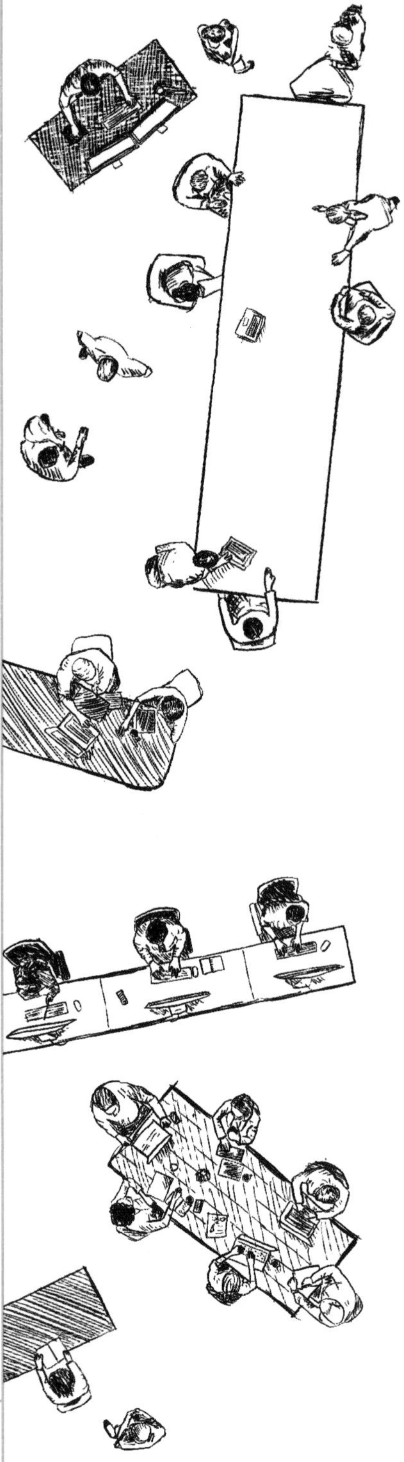

在本书的引言中，我谈到了自己在旧金山的街道上漫无目的地开车时，投资人兼董事会成员本·霍洛维茨给我打电话的情形，以及他如何给我提出两条至关重要的建议，帮助我们挣脱死亡“漩涡”。我现在分享第一条建议。

霍洛维茨给我打电话的时候，我以为他会解雇我。毕竟，我和麦金农刚刚向董事会宣布我们远远没有达到销售目标——而我，是负责销售的人。

但是，霍洛维茨没有将我扫地出门，反而让我介绍一下自己的工作内容。我说了一些他已经了解的情况，我是公司的 COO。

“你还在做些什么事情？”他问道。

我们公司当时规模还很小，只有大约 30 名员工。我和麦金农都承担了很多额外的工作。我还负责销售，麦金农同时担任 CEO 和工程主管。实际上，我们每个人都在做两项甚至三项工作。

“这就是你的问题。”霍洛维茨说，“你不可能同时做多项关键的工作，并且把它们都做好。很少有人能做得到。这意味着，你必须招募专家，而且要迅速去招。”他建议我不要担任销售主管，尤其是我还从来没有管理过销售队伍。“这就是为什么你的渠道管理、销售流程和预测都很糟糕。”他说。霍洛维茨对麦金农也说了同样的话，说他不可能既担任 CEO 又担任工程主管。“你们需要打造自己的管理团队，”他建议道，“否则你们就完蛋了。”

我和麦金农把他的建议铭记在心，并立即开始寻找两名新的副总裁，在 6 个月内填补了这两个职位。这一措施影响是巨大的，Okta 的销售额开始回升，产品也得到改进。

很多创业者都试图在尽可能长的时间里亲自去做所有的事情。其部分原因是出于现实需要：没钱雇人，但很多时候是因为他们认为自己能做得比别人好。所以我根据个人的经验告诉你：你不能。什么事情都自己做是行不通的。随着公司的成长，你需要组建一个团队，团队的成员对于拼图上其他部分的工作比你更擅长。这是我所学到的最深刻的教训之一。公司不仅仅是一个人的事，公司是一群才华横溢的人所组成的团队的事。

招募什么人很重要。成熟的公司可以招募那些“还不错”的员工，但是你不能。你在很短的时间内有太多的事情需要做。正确的人能帮助你快速前进；而不合适的人，无论人品多好、多有才干，都会像铅球一样把你拖垮。如果你以前没有招聘过人，很容易会犯错；即使你有招人的经验，也并不总能明白该招什么样的人。在这一章中，我将分享要在候选者身上寻找哪些特征，以及如何核实；我还会讲到如何让人离职，因为你最后总是会招到一些糟糕的员工。

不过，我首先要谈谈联合创始人。你可能梦想着自己单干，甚至想着成为下一个埃隆·马斯克。但研究表明，2～4人的创始团队通常比单一领导者表现得更好。所以我会谈谈其中的原因，以及如何找到合适的创业搭档。

“你不可能同时做多项关键的工作，并且把它们都做好。很少有人能做得到。这意味着，你必须招募专家，而且要迅速去招。”

“1”是最孤独的数字

想要独自启程吗？再想一想吧

媒体喜欢颂扬个人英雄，但在大多数情况下，独自创办一家公司的做法并不明智。埃德·罗伯茨（Ed Roberts）是麻省理工学院戴维·萨尔诺夫技术管理学教授，也是我的长期导师，他研究了高科技创业团队的最佳规模。“两名联合创始人比单独创始人表现得更好，”他说，“三名联合创始人要好于两名，四名联合创始人似乎也好于三名。”但超过这个数量，“就是一群人了。”他说，较大规模团队所引发的混乱开始超过它带来的额外收益，“更多的联合创始人将造成麻烦，增加管理难度。”

这是有道理的。如果你想在短得荒谬的时间内将一家公司的规模扩大到原来的 10 倍，你需要至少一个伙伴来分担这个负担。在此基础上也许还需要再多一两个人。这不仅仅是劳动分工的问题，尽管这也很重要。你会被一大堆艰难的决策淹没，其中大多数都是你从未面对过的事情，而如果有另一个人来提供不同的思路，意味着你更有可能找到正确的答案。两个或者三个、四个脑子想出的解决方案，可能比一个人头脑风暴想到的更为全面。

这与罗伯茨对高科技团队的研究不谋而合。通常，创始团队成员的技能和专业知识越多样化，公司的业绩就越好。一个既有技术，又有销售、营销背景的团队，表现尤其出色。有销售、营销背景的联合创始人很重要，他们的业务专长不是一般的管理，而是销售或营销经验，他们的角色是面向客户。你的团队中必须有人知道如何找到客户并与之交流。早期我在 Okta 承担过这一职能，那时我们是在与一些小公司交流，而一旦我们开始瞄准大型企业客户，就必须引进具有这方面专业能力的人。

联合创始人也需要精神支持。你们会多次面临绝望或不知所措，但通常每次只是其中一名联合创始人陷入螺旋式下降的状态，而其他状态正常的联合创始人可以帮助他振作起来，大家一起继续前进。罗伯茨说：“你需要一名搭档，这样你就有了一个可以倚靠着哭泣的肩膀。”至少，在你消除恐慌并冷静下来之前，你的搭档能够驾驶这艘船继续前行。

人们很容易忽略这样一个事实：大多数成功的创业公司都有多名创始人。媒体喜欢把焦点放在一名英雄般的领袖身上，这会让故事更精彩。Facebook 被等同于马克·扎克伯格，但他实际上有 4 位联合创始人，即爱德华多·萨维林（Eduardo Saverin）、克里斯·休斯（Chris Hughes）、达斯汀·莫斯科维茨（Dustin Moskovitz）和安德鲁·麦克科拉姆（Andrew McCollum）。谷歌有拉里·佩奇（Larry Page）和谢尔盖·布林（Sergey Brin）；英特尔有戈登·摩尔（Gordon Moore）和罗伯特·诺伊斯（Robert Noyce）；提及甲骨文公司的时候，每个人都会想到拉里·埃里森（Larry Ellison），但埃德·奥茨（Ed Oates）和鲍勃·迈纳（Bob Miner）也参与了甲骨文的创立；提到微软，你就会想到比尔·盖茨，但保罗·艾伦（Paul Allen）就在他身边。

当然，也有一些成功的公司是由单个创始人缔造的。亚马逊的杰夫·贝索斯（Jeff Bezos）可能是其中最著名的一位。萨拉·布雷克里用 5 000 美元和一个原型产品——一双剪掉了脚部的裤袜，就创立了内衣品牌 Spanx，2021 年，她以 12 亿美元的价格出售了自己在公司持有的多数股权。戴维·卡普（David Karp）创立了轻博客网站 Tumblr，后来以 11 亿美元的价格将其卖给了雅虎。阿伦·帕兹尔（Aaron Patzer）创立了理财网站 Mint.com，后来将其以 1.7 亿美元的价格卖给了 Intuit。

所以，没错，单个创始人也可以成就一番事业，但与其他人一起合作是明智之举，当然，前提是有合适的联合创始人。

如果你想在短得荒谬的时间内将一家公司的规模扩大到原来的 10 倍，你需要至少一个伙伴来分担这个负担。

有时我们不需要 MBA 们

如果你是一名技术型创始人，比如工程师，你不一定要找一个有 MBA 学位的人加入你的团队，至少不必马上要。在创业之初的 12～18 个月内，你的精力主要是放在完善产品理念上，即要与潜在的客户和用户合作，确保把产品做对。而这时，还没什么事情可让有 MBA 学位的人做。

话虽如此，团队中还是需要有人具备一定程度的商业头脑，需要有人能够进行计算预测：公司的成本是多少？能产生多少收益（如果有的话）？需要多少钱？以及，资金什么时候会用完？换句话说，需要有人能够制订一份商业计划。

住在隔壁的联合创始人

10 组创始人如何找到各自匹配的搭档

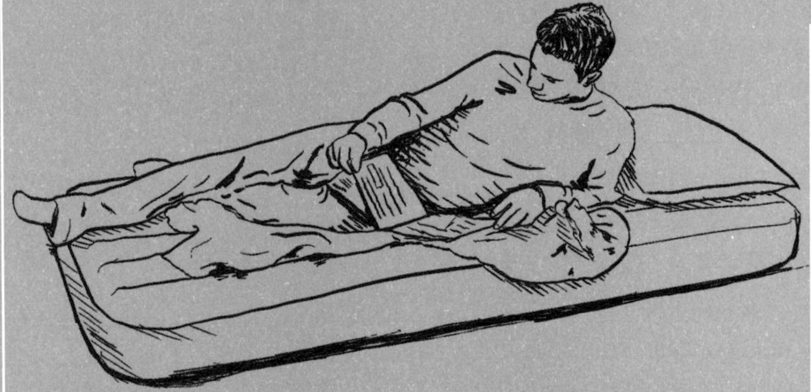

爱彼迎公司

内森 · 布莱查奇克（Nathan Blecharczyk）和乔 · 格比亚（Joe Gebbia）通过分类信息网站 Craigslist 成了室友。布莱查奇克搬走后，布莱恩 · 切斯基（Brian Chesky）搬了进来。有一次，因为城里所有酒店都住满了，格比亚和切斯基就让一名来当地参加会议的人睡在他们客厅的气垫床上。之后，他俩和布莱查奇克一起联合创办了爱彼迎。

苹果公司

史蒂夫 · 乔布斯还在上中学时，史蒂夫 · 沃兹尼亚克在上大学一年级，两人共同的一位朋友知道他俩都喜欢玩电子产品，便介绍他俩认识。

Medallia 公司

公司的 CEO 埃米 · 普雷斯曼（Amy Pressman）和她的丈夫博奇 · 哈尔德（Borge Hald）联合创立了这家公司。

奈飞公司

里德 · 黑斯廷斯（Reed Hastings）和马克 · 伦道夫（Marc Randolph）是在拼车去另一家公司上班时想到奈飞这个创意的。

Salesforce 公司

帕克 · 哈里斯（Parker Harris）、戴夫 · 莫伦霍夫（Dave Moellenhoff）以及弗兰克 · 多明格斯（Frank Dominguez）拥有一家咨询公司，业务是为其他公司开发软件。他们的一位客户将他们介绍给了时任甲骨文公司高管的马克 · 贝尼奥夫。

Rent the Runway 公司

珍妮弗·海曼（Jennifer Hyman）和珍妮弗·弗莱斯（Jennifer Fleiss）是本世纪初在哈佛商学院的同学。她们会每周一次聚在一起进行头脑风暴，思考商业创意。在海曼的姐姐为一件结婚礼服挥霍了2 000美元之后，她们有了灵感。

Facebook 公司

马克·扎克伯格、爱德华多·萨维林、克里斯·休斯、达斯汀·莫斯科维茨和安德鲁·麦克科拉姆是在哈佛大学读书时的朋友。

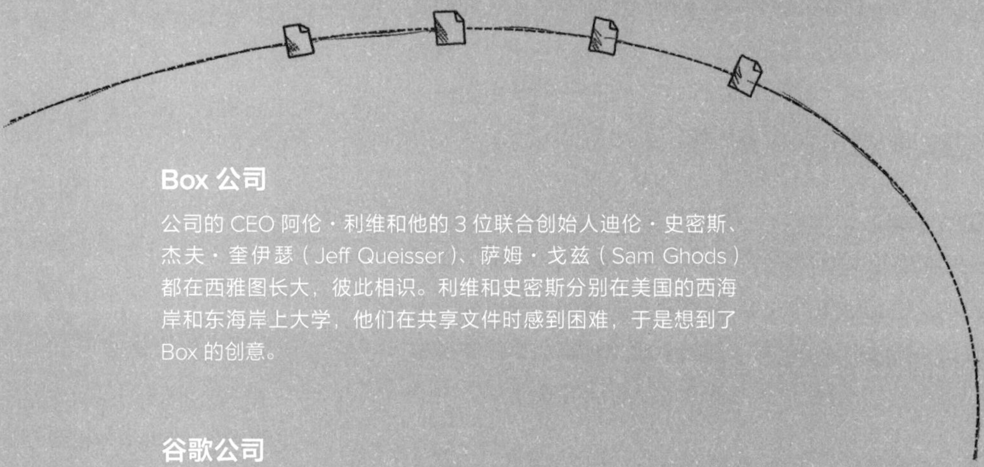

Box 公司

公司的 CEO 阿伦·利维和他的 3 位联合创始人迪伦·史密斯、杰夫·奎伊瑟（Jeff Queisser）、萨姆·戈兹（Sam Ghods）都在西雅图长大，彼此相识。利维和史密斯分别在美国的西海岸和东海岸上大学，他们在共享文件时感到困难，于是想到了 Box 的创意。

谷歌公司

20 世纪 90 年代中期，拉里·佩奇和谢尔盖·布林在斯坦福大学读研究生时相识。

Workday 公司

阿尼尔·布哈斯利和戴夫·达菲尔德（Dave Duffield）曾在仁科公司共事，达菲尔德是仁科的联合创始人。2004 年，当仁科面临恶意收购时，原已离开仁科的两个人又都回来一起对抗这起收购。

选择搭档

如何知道自己是否遇到了合适的联合创始人？

有多位联合创始人的公司，在他们合作得好的情况下能取得很好的成绩，但合作得不好也是初创公司失败的主要原因。那么，你如何知道自己是否找到了“真命天子”？

2009年年初，在我与麦金农开始见面喝咖啡之前，我对他并不是很了解。我们在Salesforce工作时有过交集，但并没有密切的合作。我们是由一位共同的同事撮合而走到一起的，这位同事知道我们都在考虑创业。但事实上，我俩都对商业软件有兴趣这一点只是表面因素。我俩都曾帮助Salesforce从0开始创建，这意味着我们对初创公司应该如何运作有着共同的理解。由于我们有共同的同事，因此能够互相核查，看看是否存在任何危险的信号。我们做的最后一件事，是我们两对夫妻一起出去吃饭，让各自的另一半去面试对方——还有谁能更好地评估对方是否适合自己的配偶呢？

当你寻找联合创始人时，请记住以下问题。如果你对其中任何一个的答案有所怀疑，请在联合之前认真考虑：

- [ ] **你能信任这个人吗？**

如果你不得不离开两个月，把公司交给他，他会为公司做出最好的决定，同时也为你着想吗？

- [ ] **当你们意见不一致时，你们能以一种成熟的方式解决争议并继续前进吗？**

你们不能陷入分歧，或者对已经做出的决定心怀不满。找到一个你可以与之协商、迅速消除意见分歧的人。

- [ ] **你喜欢这个人吗？**

与他在一起时你会有一种积极的态度吗？如果你现在不喜欢他，那么当事情变得难办时你更不会喜欢他。

- [ ] **这个人知道该如何支持你吗？**

每个人都会陷入周期性的绝望低谷，那么当你在应付自己的问题时这个人能帮你分担一些工作吗？或者更进一步，他知道如何帮助你走出阴霾吗？

- [ ] **这个人对公司的关心像你一样深切吗？**

他对你将要打造的东西会感到像你一样的兴奋吗？他会用像你一样的方式一直思考公司的问题吗？一个不那么在乎的联合创始人，几乎肯定会在几年内离开公司（或许更糟，开始削弱你或与你背道而驰）。

- [ ] **你对这个人将成为联合创始人有任何疑虑吗？**

询问内心。是否有一丝丝念头告诉你这个人并不很合适？你是否曾试图说服自己去与其建立伙伴关系？注意这些信号。如果你觉得有些事情不对劲，那很可能就有问题。现在就正视它，而不要等到合作两年之后。

为什么应该做查探？

当你在心中对以上问题进行自我询问时，你也要对潜在的联合创始人进行尽职调查。至少找到3个人（最好是6个人），向他们询问你的潜在搭档到底是什么样的人。但这些人别由你未来的联合创始人推荐，而且也不要让他们对答案有所准备。（不要担心这样做不光彩，如果你的潜在搭档很优秀，他或她也会这么做的。）

找一位救星

如果你不懂得如何评估候选人，那就找一个懂得的人

在上一章中，我们认识了梅拉妮·珀金斯，一名想要创建一个在线平面设计平台的大学生。这一创意的技术挑战是巨大的，她需要找到合适的工程师来把她的创意变成现实。如果当她自己不具备技术背景时，她要怎么评估候选人呢？

需要考虑的方面很多，比如，他们是否了解正确的编程语言，或者能否学习可能需要用到的新语言？他们仅仅是程序员，还是能设计复杂系统的架构师？他们是否有能力管理一支成长中的团队？珀金斯没有足够的技术经验来决定谁会是合适的搭档，而这将是一个攸关成败的决定。

幸运的是，珀金斯足智多谋。在澳大利亚珀斯市的一次会议上，她见到了硅谷的风险投资人比尔·泰，之后她大胆地登上了去美国加利福尼亚州的飞机。比尔把她介绍给了拉尔斯·拉斯穆森（Lars Rasmussen），一位来自丹麦的著名工程师。拉斯穆森在2003年联合创立了一家地图工具初创公司，该公司后来被谷歌收购成为谷歌地图。等到珀金斯认识他时，拉斯穆森已经是Facebook的首席工程师了。

拉斯穆森同意帮助珀金斯审查潜在的技术人才。（他后来成了公司的一位投资人。）“结果在整整一年时间里，他否决了我给他推荐的每一位候选人。”珀金斯说，“我把我在领英（LinkedIn）网站上找到的，以及别人发给我的简历都转给他，我甚至带人径直走进他的办公室。”但没有一个人足够好。“我只想启动公司，但他一直说我带来的人无法胜任我们将要面临的巨大技术挑战。”

最终，拉斯穆森把珀金斯介绍给了他在谷歌时的同事卡梅伦·亚当斯（Cameron Adams）。亚当斯是一位世界级的设计师，他打造了在线协助工具Google Wave，当时正运营着自己的初创公司。经过几个月的反复沟通，珀金斯最终说服亚当斯加入合作，成为公司的联合创始人及CPO（首席产品官）。

如果不是拉斯穆森充当她的顾问，她可能永远也找不到亚当斯；如果没有亚当斯，她可能永远也不能把Canva发展成如今这样一家估值400亿美元的企业。

分享与股份十分相似

为什么联合创始人应该获得同等的股份？

关于创始人之间如何分配公司股权（或股票）的问题，你可能在网上或其他地方看到过很多相关的内容。人们会提出各种各样复杂的方式和策略，以求“公平”。

我会节省你的时间：除了少数罕见的极端情况，建议给所有联合创始人同等份额的股权。

如果创始人不能和睦相处，初创公司就会失败。若你给不同的人不同份额的股权，就会立刻造成一种权力上的不平衡，宣告一个人比另一个（或另一些）人更重要。你为什么要这么做呢？你已经做了尽职调查，不是吗？你选择的联合创始人都是明星人物，他们都会像你一样努力工作，以确保公司能走向成功。如果是这样，那么没有哪个人会比另一个人更重要。

如果有一位创始人坚持要获得更多的股份，就只会种下一颗“种子”，它总有一天会长成一片怨恨的“丛林”。内部的冲突会拖慢你们公司的速度，你为什么要这么做呢？如果你与搭档之间的关系不融洽，你们就不会走得太远。俗话说：大馅饼的一小块也好过小馅饼的一大块。

如果你尽了最大努力，某位联合创始人工作成果仍然不如预期并最终提前离开，那么他不会带走所有的股份，只能带走被授予的那部分。比如，如果一位联合创始人在仅仅一年后就离开公司，他只能被授予 25% 的创始人股份（典型的授予期限是 4 年），而剩余股份的所有权（在这个例子里是 75%）则会返还给公司。

如果你们想要快速前进，每位创始人就都需要有自己的职责范围，你们不能在同一个领域中相互干扰。

沙盒里有足够的空间

职责划分

如果你们想要快速前进，每位创始人就都需要有自己的职责范围，你们不能在同一个领域中相互干扰。否则你们会慢下来。我和麦金农之间的分工很好，他负责公司愿景、产品和工程等方面；我负责销售和公司运营，包括财务、人力资源、法务等。他是一位有远见者，在打造产品方面拥有丰富的经验；我则有销售和业务开发方面的经验。至于其他方面，我知道我能搞定，我是一个实干者，所以我一点也不担心管理这些领域。

当然，有时候创始人不得不做一些超越其职能范围的关于公司总体的决策。大多数时候，我和麦金农保持同步。只有在屈指可数的情况下我俩的观点会不同。我提出自己的理由，方式甚至可能很“激烈”，但是到最后，麦金农还是会朝着他相信的方向前进。

这是不是很丢脸？当然。但 CEO 就是 CEO。与其他任何公司一样，这就是他的责任所在，他的责任就是必须做决定。投资人正是基于这样的阵容才投资了我们。正如传奇的英特尔 CEO 安迪·格鲁夫（Andy Grove）那著名的主张，团队需要“不同意但坚决执行”。不是每个人都要同意某个决定，决定一旦做出，每个人都必须支持。

打造包容性的招聘策略

你的前 10 名员工将为后续招聘定下基调

在历史上，男性和白人一直在硅谷占绝大多数。你所在的行业或许也是如此。很长一段时间以来，硅谷的当权者们对此并不大关注，但最近几年，我们这个行业开始越来越多地注意到，公司文化并不总是欢迎那些看起来与创始人不一样的人。

如今，无论你身在哪个行业，从开始招聘的那一刻起，你就必须思考这些问题。不是从防御的角度思考，比如考虑的是“我们得确保自己不被起诉”，而是考虑如果那些人不愿为你工作，你就雇不到最聪明、最有才华的人。

北卡罗来纳州立大学的研究人员研究了 2001—2014 年 3 000 家上市公司的情况。他们发现了什么？那些明确致力于打造多样化员工队伍的公司更具创新性，推出的产品也更多。定义员工多样化的指标包括：女性和有色族裔得以晋升到企业领导层；公司政策，例如家庭成员福利等；积极招聘残障人士。

你雇用的前 10 名员工最为关键。如果前 10 名员工都是男性，那么后面一位出色的女性候选人可能会怀疑她是否真的受欢迎；如果前 10 名员工都是白种人，那么有色族裔的员工可能会怀疑你的公司是否将给他们成长发展的空间。另外，你需要借助前 10 名员工的人脉网络来寻找之后的 100 名员工，如果这 10 人都有着相似的背景，那么你“广撒网”的能力就会受限。

遵循以下技巧，确保你最终得到多元化的“前10名员工”：

1 在建立起真正多样化的候选人才库之前，不要开始面试候选人。

2 与各种各样的社会团体（例如，女性、有色族裔和残障人士等团体）建立联系，让他们知道你何时有职位空缺。

3 从众多可用的网络工具中挑选一种，以确保你的职位描述中不会无意出现有排他性的言词。

4 建立一个系统，让中介方从你收到的简历中剔除族群方面的信息，这样你就可以只关注候选人能带来什么，而不用管他们是谁。

“我忙得没时间招人”的谬论

在创业初期，你们的节奏会非常快，很难把精力放在招聘上，尤其是因为招聘工作会全落在你们自己的肩上。（你们可能暂时还没有人力资源主管。）所以在此提供一个快捷技巧，告诉你如何意识到该招下一名员工了：当你忙得连职位描述都没时间写的时候。一旦你的大量时间被那些可以轻松委派给他人的机械重复性工作占满时，你就该引入一名新的团队成员了。是的，你在搜索候选人的时候可能会耽误一些工作，不过请把这当成是一次短暂的停顿，是为你未来的成功所进行的投资。

重新思考你的职位描述

我和左霆（Tien Tzuo）曾在Salesforce共事。近年来，他创立了祖睿（Zuora），这是一家估值30亿美元的商业软件公司，帮助企业管理其订阅服务。大多数公司会在职位描述中列出一些通用的职责，但祖睿强调的是希望候选人能实现的结果，包括期望这个人在未来一年里要推动的具体项目或达到的目标。

左霆说这样做更有效。知道某人曾有过一份相同头衔的工作，并不能告诉你他在你的公司里能否成功（甚至是否有干劲）。同样，缺乏某些经验并不意味着候选人不能在你的公司里做一些新事情。此外，候选人对结果描述的反应也非常能说明问题。"合适的候选人，回应通常真的非常积极。"左霆表示，"他们会说：'这是我未来几年里可以预见的挑战。'"

寻找"伟大的运动员"

让你周围全是有真本事的人

Frontier Communications公司的前CEO玛吉·怀尔德特（Maggie Wilderotter）说，她总是想雇用"伟大的运动员"。不一定是体育意义上的，不是说那些人必须参加过大学篮球联赛才能被她录用（尽管有些人确实如此），怀尔德特的意思是，她欣赏的人本质上必须愿意不断学习、实践，并在决心要做的事情上希望做到更好。她把这些人称为"投入其中的学生"，"他们总是在拓展自己的思维和视野。"她说。他们通常也很有竞争力，或者至少雄心勃勃，"心中必须有一团火"。

在面试环节，怀尔德特会探问应聘者是否曾努力去做一些需要极大毅力的事情。"他们有没有非常热爱一门手艺，或者一种爱好、一项运动、一件乐器？有没有做过什么需要经过大量练习才能熟练掌握的事情？"

她会请应聘者给她讲一讲在工作中遇到的最棘手的事情，以及他们是如何处理的。"加入一家成长中的公司有点像上战场，"她解释道，"我们会陷入交火。我想知道与我一起守在散兵坑里的是什么人。我要确保他们能支持我，就像我支持他们一样。"

很多候选人不适合这种工作模式，不是每个人都能应对得了公司草创期的混乱、无序、不确定和艰辛。让不能满足初创公司独特需求的人加入，无论是对候选人还是对公司都没有好处。而"伟大的运动员"却可以坚持到底。

招聘核心职位

然后把其余岗位外包

初次创业的创始人常犯的一个错误，是觉得公司需要为每项工作招聘员工。公司当然需要为所有的核心职位招聘员工，但很多职位是可以外包的。

可以外包的工作	外包的原因
CFO	已形成完整的产业，外聘的财务专业人士可为初创公司等小企业提供 CFO 职能的服务，比如财务战略和规划等。
会计	供应商可为小公司承担记账和会计等工作。
人力资源	很多第三方公司可提供核心人力资源职能的服务，比如工资和福利，服务那些因规模太小内部无法配备这些职能的公司。
法律顾问	如果你需要申请专利，但一年只申请几次，可以外聘专攻知识产权的律师。如果你的公司在美国，可以考虑从中西部而不是从旧金山湾区或纽约找人，他们收费会低很多。
品牌形象	我们找了一家名为“一百只猴子”的公司帮我们的公司起名。[1]我们很高兴雇用了他们，他们是这方面的专家，所起的名字比我们自己想的要好得多。
营销	你需要定期调整公司的品牌宣传资料，比如用以表达公司愿景的文案和图像，以及人们与你的产品和服务互动时的感受。尽管公司愿景显然应该来自创始人，但在公司真正做大之前，你应该借助外部专家来完善它。

[1] 我们公司的名字“Okta”是一个气象术语，用来表示天空被云覆盖的比例（1 okta = 天空的八分之一）。我们公司的宗旨是在云端为客户“提供保护”，因此取名为 Okta。

砍掉“主管”头衔

当一家公司聘用一名管理人员时，有时会给这个人冠以“主管”的头衔。比如，营销主管、销售主管、人事主管等，而不是更传统的“经理”“高级经理”“主任”或“副总裁”。通常，出现这种情况是因为：公司刚刚起步时，你还没有引进非常资深的人（在有东西可卖之前，你不需要一位有 10 年销售经验的副总裁）。但资历较浅的人一旦入职就会掌管自己的部门，由于这种领导角色，很多候选人会要求更高级的头衔。他们的经验也许只配得上“高级经理”，但既然要执掌整个团队，他们就想要“主任”的头衔。给他们一个“主管”头衔似乎是一个合理的妥协。

但这就带来一个问题。随着规模不断扩大，公司面临的挑战越来越复杂，最终你需要引入一些更资深的人才。不幸的是，你的“主管”通常不会这么看，他们会想当然地认为自己将继续掌控大局，很少有人会乐意新招的人职位比自己高。

因此，从一开始就不要踢罐子，回避艰难的对话；应该坚持给予所有人与其经历相称的头衔，确保你的员工们从一开始就走上正轨。

深入调查候选人

至少与 3 位不是由他们所推荐的人交流

招聘员工的时候，你要对他们进行一些参考性的调查，这一点你是知道的。候选人会给你一份名单供你咨询，而名单上的人不可避免地会为这名候选人说些好话。大多数招聘人员做到这个程度就算完成了调查，他们给这个事项打上勾，然后转到招聘流程中的下一项。

但是，当招聘涉及关键的高管职位时，你就不能这么处理了。与成熟的大企业不同，初创公司中的每一个人都会对公司的成功与否产生巨大的影响。在一家节奏缓慢的大企业里，一名中等水平的经理也可以游刃有余，因为它不需要像你的公司一样行动迅速，也不需要一边前进一边解决所有的问题。

在一家初创公司里，早期的员工，尤其是早期的高管，必须是一些工作能力很强的明星人物。他们要有责任心、可靠，他们要能够承受创业早期所不可避免的失败。在理想的情况下，他们在之前的公司里做的应是最重要、最核心的工作，而非一些无关紧要的事情。一般来说，你会希望招聘那些得到过晋升，并且在成长过程中承担过更重要角色和更大责任的员工。

如何判断你的候选人是否是这样的人？你当然不能直接问他们，任何人都可能在求职面试中表现良好。你也不能只询问他们提供给你的名单上的人，那些人准备好了给他们唱赞歌。

相反地，你应该像对联合创始人所做的那样，深入了解候选人背后的情况。这种做法有时被称为“后门推荐调查”。至少找 3 位最近与候选人共事过的人，请他们说说候选人到底是一个什么样的人，他如何与人共事、如何面对挫折，最后，说说他是否适合你的公司。

有时候，你与候选人的人脉网络会有很多的重叠，你其实认识一些真正了解他的人。如果是这样，就联系那些人。而就算你们之间没有交集，你也可以利用领英等工具找到他的一些前同事，让他们给你坦率的评价。除非你花了至少 30 分钟去深入了解候选人的所有推荐，否则不要给候选人发录用通知。

初创公司招聘的基础知识

关于如何招聘（以及招聘谁）的建议

弗雷德·鲁迪
ServiceNow 公司

公司刚起步的时候，你不需要绝对顶尖的工程人才，你需要这样的人：极度敬业、极度热爱自己正在解决的问题，并且愿意坚持到底。

埃米·普雷斯曼
Medallia 公司

我会看候选人的简历，询问他们为什么决定辞去一份工作而选择另一份。我最讨厌的一种答案，就是"有人打电话叫我来应聘"。我们要寻找的早期员工是那些具有创始人心态的人。这种人不会消极等待招聘人员的电话，他们决定"是时候该做一些新的事情了"，然后去搞清楚这件事到底是什么。

帕蒂·麦考德
（Patty McCord）
奈飞公司

开始的时候，你要聘用的是能解决棘手问题的人，他们可以理解你的疯狂创意，把它打造成能真正吸引客户并赚钱的产品。之后，当公司开始成长时，你需要的是能够解决规模化或复杂性问题的人，这时你要聘用那些曾遇到过这类问题的人。

玛丽安·纳菲茜
（Mariam Naficy）
Minted 公司

在你"爱上"一位候选人之前，要提前做一些参考调查。如果等到你决定聘用这个人之后再去调查，那就不大可能听到诚实的反馈。另外，一定要仔细聆听他们的推荐人是怎么说的。没有人愿意给人糟糕的推荐评价，包括不是候选人提供、但你会与之联系的推荐人。但如果有人想要暗示不是 100% 地推荐此人，他们会提供一些模糊或间接的反馈。如果你听到任何不完全认可的话，就要特别注意。每次有人委婉地暗示了一些关于候选人的负面情况，而我仍然录用了那个人，结果都很糟糕。

解雇员工的最佳做法

有好的做法，也有糟糕的做法

有一次，我花了12个月，才解雇掉一位不再适合他的职位或说不再适合我们公司的高管。我很尴尬自己花了这么长的时间。果断是我的优点之一，但是做这个决定的时候呢？我一直在拖延。其中的一部分原因是，解雇一个人真的很难。我们都是人，谁愿意告诉员工你将要剥夺他的生计，甚至他的自尊和自我存在感呢？

你很容易想出理由，来解释为什么现在不是解雇某人的合适时机：即将发布产品或重塑品牌，你需要此人来做这些事；或者季度末就要到了，解雇此人会扰乱团队；又或者假期就要到了，此时解雇一个人是不对的……就我自己而言，所担心的还有：在我们寻找继任者的时候，这个关键的职位会空着。

但最终，比起在招到合适的人选前让职位短暂空置，将不合适的人留在这个职位上对我们的拖累更大。我希望你能比我勇敢，这对你和你将要解雇的员工来说都是正确的做法。有时你甚至会发现，员工已经明白自己不适合这个地方，他实际上可能会因为你正在采取行动而如释重负。虽然让一个人离开从来都不容易，但有一些做法可以对所有人都更好，不过也有一些做法可以更糟糕。

- 首先，判断这个人是否仅仅是扮演了错误的角色。如果他很适合你的公司，但不适合现在的职位，有没有更适合他的工作？
- 如果你真的决定让一名员工离职，他应该不会感到意外。你要定期与他讨论他的表现有什么不足，让他有机会改进。
- 而一旦你做了决定，就不要再啰嗦地给他反馈意见，不要再给他做绩效评价。做无用功只会让他感觉更糟。
- 咬紧牙关，迅速完成。拖延做这些决定对公司是有害的。
- 解雇人永远要在周一，而不要在周五。这样他有整整一周的时间调整心情往前进。如果你在周五让他离开，整个周末他都要为此烦恼。
- 给他一笔适当的遣散费，如果他拥有公司的股权，可以让他兑现适当比例的股份。

怎样进行“解雇谈话”

由沙桑克·萨塞纳（Shashank Saxena）开发的VNDLY是一个基于云端的系统，用于帮助公司管理临时员工。（Okta是它的投资者之一。）当初萨塞纳在俄亥俄州辛辛那提市创立（VNDLY）公司时，他的很多早期员工都只干了几个月。

“人们浏览科技博客TechCrunch，觉得初创公司富于吸引力，并且会一夜成名，于是就跑来工作，然后他们才意识到这是多么困难的一件事。”萨塞纳说。如果某人很快就表现出不适合初创公司的节奏，萨塞纳或其他管理者就会把这个人拉到一边，进行一次坦率的谈话。

“首先，我们会说：‘这是我们对你的期望，而这是你今天的水平，二者之间就是你必须弥补的差距。你愿意直面这个问题吗？’”如果答案是否定的，萨塞纳会让这个人知道他还有别的选择：一笔可观的遣散费和一封为他找下一份工作准备的正面推荐信。“我聘用他们，是因为他们有技术。”萨塞纳说，所以向别的公司对他们大加赞赏是没有问题的。“如果你意识不到自己的问题，不能够直面它，那好吧，我们祝你一切顺利。”

第4章

融 资

我以为我知道自己在做什么。我读过一些商业书籍，知道在任何融资路演活动中都需要用到的“12 页必备幻灯片”；我可以详细地介绍我们看到的问题、提供的解决方案、市场机会和竞争状况。但当我在著名的沙丘路[1]上一家风险投资机构里慷慨陈词时，桌子对面的那个家伙已经睡着了。

不是比喻意义上的“睡着”，在我做介绍的过程中，他是真的睡着了。不用说，他没有给我们投资。

那是 2009 年的夏天。我和麦金农在努力完成 Okta 的种子轮融资，但进展并不顺利。我们向几十家风险投资机构做了融资路演，但没有人感兴趣。我重复一遍，以确保你能理解其中的痛苦：我们给超过 25 家机构做了融资路演，但没有一家跟进。

诚然，当时正处于金融危机引发的经济衰退之中，但问题不在这里，实际上，投资人经常在经济下行时期寻找机会。问题出在我们自己身上。我们走进投资人的办公室，握手，然后开始演示；我和麦金农会来回翻看幻灯片的内容……我们按照书本上的指示操作，但是完全不管用。

当时我们在路演中介绍的这家公司，现在估值超过 400 亿美元。它发展得非常好，我们前四轮融资中的领投投资人，仅仅通过投资我们这一家公司就已经收回了整只基金的全部资金。[2]我并不是在自吹自擂，我只想让大家明白，对方茫然的眼神并不意味着我们的创意糟糕。也不要说投资人是白痴，事实远非如此。相反，是我们的方法错了。

夏天一天天过去，我们的选择越来越少。后来我们听说一家新的投资机构刚刚开业。我们请求与他们见面，对方同意了。这可能是我们最后的机会了。在去会面的路上（我至今仍然记得当时我们在 101 号高速公路上的确切位置），麦金农告诉我，他担心我们可能永远也筹不到钱，“那么我们该怎么办？”他想知道。

“我们会好起来的。”我乐观地说。然后我有了一个想法：“要不我们放弃幻灯片演示，即兴发挥吧。”

他看了我一眼，点点头。“我们必须得尝试一些别的东西。”

我们把车停在这家新机构所在的办公大楼前。他们的门上贴了一张纸，上面是手写的公司的名字。我们感觉自己已经走到了风险投资机构的队伍尽头，但这就是我们仅有的机会了。

我们走进他们的会议室，里面有一张从好市多超市买来的塑料折叠桌和几把折叠椅。墙上没有平板显示器，也没有投影仪来连接我们的笔记本电脑。我们像往常一样与对方握手，但我们没有站着，而是坐了下来。我和麦金农互相看了看，没有演示材料让我们感到有点不安，然后麦金农深吸一口气，开始说话。

① 沙丘路（Sand Hill Road）是硅谷的一条大道，很多关注技术领域的顶级风险投资机构在此设有办公室。

② 风险投资人从大学捐赠基金和养老基金等大型机构募资设立基金，然后他们通过基金把钱投资给创业公司。他们希望所投资的公司总体表现良好，基金的市值能够翻几倍。所以当我说 Okta 赚回了“整只基金的全部资金”时，我的意思是：如果一只基金的规模是 3 亿美元，该基金给我们投资了其中的 3 000 万美元，而我们公司成长非常好，以至于基金清算时这 3 000 万美元所获得的股权已经价值 3 亿美元。

他说："我想还是先介绍一下我们公司的情况吧。"

我们开始说起来，解释为什么对自己的创意如此认真执着。我们对所有的细节了如指掌（对 12 页幻灯片的反复推敲达到了目的）。但在之前与其他投资人的会谈中，我们缺少激情。我们从来没有讲过我们公司的故事，从来没有让路演的过程激动人心，事实上，我们做的是相反的事情：让人昏昏欲睡。

这一次不同了。一部分原因是，我们觉得这可能是最后的机会了，于是不再像机器人一样说话。我们将自己所有的激情都释放出来，这让一切都变得不同。

会面结束时，风险投资人本·霍洛维茨和马克·安德森，递给我们一张 50 万美元的支票。这是我们第一轮真正的融资。

我们的故事并不罕见，很少有创业者能在第一次融资路演时就获得投资。但与投资人的每次会面，都是让你的路演变得更好的机会。我花了太长时间才学到这一点，所以我希望你能从我经历过的痛苦中获益。这不仅仅是我的痛苦，在这一章中，我们可以看到大量由其他成功创业者们以痛苦换来的教训。

钱是初创公司的引擎运转所需的汽油。没有汽油，汽车就动不了。在你公司创立后的前 10 年左右，思考如何融资将会占据你所有醒着的时间。（举个例子：直到我们上市之后，Okta 才实现了正向现金流。）在完成一轮新的融资后的最初几周，你可以短暂地喘口气，但之后时钟又开始滴答作响。每一轮融资的周期通常是 18 个月左右，最多两年。这一章将重点介绍当你寻求融资时需要考虑的一些关键问题。

提示：这里所说的所有内容，都是针对向风险资本融资的高成长初创公司。如果你经营的是一家现金流型的公司，或者你是为准备被收购的公司自筹资金，这些信息就不一定适用了。

准备好融资了吗？

在进入风险投资领域之前，请仔细阅读以下清单

如果你认为你能够在 10 年或更短的时间内让公司及其估值增长到当前的 10 倍，你就应该考虑向风险投资机构融资。这是一个不同凡响的目标。那么，你为什么要设定这么高的目标呢？

因为风险投资机构的钱实际上是其他组织提供的，比如，养老基金、大学捐赠基金和基金会等。这些实体组织知道投资初创公司是有风险的，它们通常会将约 10% 的资产配置给所谓的“另类资产”，包括私募股权，而风险投资只是私募股权的一个子集。尽管这些组织知道初创公司有风险（而且大多数都会失败），但它们预计一只风险投资基金在众多失败项目上的亏损，将会被少数表现良好的公司所带来的“超额”回报补偿。这就是风险投资人对那些规模潜力只有目前两三倍的公司不感兴趣的原因，他们需要的是有野心且有巨大成功潜力的公司，比如 Facebook、特斯拉等，来补偿投资组合中类似投资 Juicero 公司等的结果。

这里有一份清单，可以帮助你确定是否做好了启动融资的准备：

- [ ] 你有一个极具前景的创意吗？该创意的可触达市场很大（起码几十亿美元），以至于你的公司实际上可以快速增长 10 倍，然后还有希望再增长 10 倍。
- [ ] 你的整个创始团队都到位了吗？投资机构看着你的团队，会说出“没错，这正是我们相信能够实现目标的一群人”吗？
- [ ] 你有确凿证据能证明自己有一个好创意吗？在你的产品已经开始销售的情况下，证据就是销售数值的增长情况；要不，就可能是海量来自期望客户的积极反馈。
- [ ] 你有没有精心撰写一个故事，展示你的公司是做什么的以及它为什么会成功？你能随时令人信服地讲述这个故事吗？
- [ ] 你有一个现实的商业模式吗？
- [ ] 你是否准备好在接下来的 10 年里，除了这项事业不做其他任何事情？没有假期、没有周末、忘掉生日、无数个夜晚不眠不休，也不改初衷？

如果你对以上所有问题的答案都是肯定的，那么恭喜你：你已经做好启动融资的准备了。

融资路线图

如何进行融资路演

我给你推荐一个相当简单直接的融资策略：确定 15 名你最喜欢的风险投资伙伴（是人，而不是机构），然后以 5 名为一组去联系他们。从名单的最后 5 名开始，然后依次往前。

例如：

第一周 联系排名第 11 ~ 15 位的投资人所在的机构，并安排见面。

第三周 完善你的融资路演过程，然后针对排名第 6 ~ 10 位者重复上述操作。

第五周 进一步完善融资路演，然后针对排名第 1 ~ 5 位者继续重复。

这样做的原因在于：尽管听起来可能很无礼，但这是在利用排名第 11 ~ 15 位和第 6 ~ 10 位的投资人来微调你的路演秀。你与排名第 11 ~ 15 位者的会面，将有助于找出你的融资路演中哪些做法有效、哪些无效，还能让你练习回答一些高难度问题。利用这些经历，你可以完善你的陈述（并修改你的幻灯片）。你与第 6 ~ 10 位的会面，能让你看到自己是否已经解决了上述的所有问题，让你得以磨砺你的 60 分钟交流进程。在你完成这 10 次演练之后，你的融资路演应该能成为一件艺术品了。我不希望这么说，但请不要告诉第一批投资机构你是在利用它们来做练习。风险投资行业是一个很小的世界，大家会相互交流。此外，如果前 5 位的投资机构拒绝了你，你可能需要从排名靠后的几家中选择一家来做领投投资人。

时间扼杀一切交易

销售界有一种说法："时间扼杀一切交易。"也就是说，如果你在客户最感兴趣的时候快速行动，更有可能达成交易；若双方的讨论拖拖拉拉，将令客户裹足不前。

同样的道理也适用于融资，融资本身就是一种销售过程。一方面，你需要保持势头。当你开始与投资人交流时，你有望看到他们对你公司的兴趣越来越大；随着你的融资路演从一家投资机构转到另一家，你能感觉到他们是否已经提前从其他投资人那里了解了你的情况，以及他们的兴趣是否正在增长。如果你运气好，在融资过程中这股能量会持续增长。这种不断增长的热情会让你在投资人的食物链上节节攀升，甚至令你有望与首选的投资机构达成交易。

另一方面，如果你开始感觉到你的势头正在放缓，强烈建议你考虑妥协，接受排名第 6 ~ 15 位的投资机构中的某一家所出具的条款清单。融资的势头是一种短暂的事物：一旦它开始消散，就会迅速蒸发。势头一旦消失，就再也不会回来了。作为创始人，你的首要工作是确保公司的账上总是有足够的资金。乞丐不能挑肥拣瘦，任何风险投资人的支票总比没有支票好。在抢椅子游戏中，当音乐停止时，你不能没有椅子。

安排你与第 1 ~ 5 位投资机构的会谈。尽量把各次会谈的时间安排得近一些。你的目标是快速完成它们的流程，从介绍性交流到第二次路演，再到尽职调查。这个流程的最后一步是“合伙人会议”，它通常在周一举行，你可以在会议上向投资机构的全体合伙人推销你的公司。在你离开之后，全体合伙人会讨论是否给你投资。

在理想的情况下，第 1 ~ 5 位的投资机构将在几天之内相继召开会议。这样的话，你就能在差不多同一时间收到几份投资条款清单[1]。你会希望至少能在同一周之内收到它们，在一两天内就更好，这样你就能争取最好的条款。条款清单的有效期通常是 48 ~ 72 小时，或者最迟到“本周末”。你同时收到的条款清单越多，就越有机会让自己喜欢的投资机构接受对你更有利的条款。你不能让一家投资机构再等一周，更不要说等两周，以便让你“看看是否还有其他机构感兴趣”。尽管风险投资只是为了赚钱，但自尊心也扮演着重要的角色。没有人愿意成为别人的第二选择。

[1] 条款清单（Term Sheet）是风险投资机构在想要投资之前给你的一份“意向书”（Letter of Intent）。它们会在其中详细说明想购买你公司的多少股份，以及购买的条款。如果你接受了一份条款清单，就意味着你同意它的条款，下一步是由双方的律师敲定一份实际的股份购买协议。

如何审查投资人

因为这不仅仅是钱的问题

如果你有幸收到多家风险投资机构的条款清单，你该选择哪一家？最有声望的那一家，或者开价最高的那一家？不一定。

请记住，在很长一段时间里，你的投资人都将是你生活的一部分。他们给你的初创公司带来的资金，只是你将从他们那里所获得的价值的一小部分。他们（很可能）会加入你的董事会，成为你关系最紧密的顾问。正如硅谷的投资人所说，你可以与你的配偶离婚，但不能与你的投资人离婚。你的公司就是你的孩子。如果一切顺利，你可能再也不会创立第二家公司了，而与此相对的是，风险投资人可以参与投资几十家甚至数百家初创公司。所以你要明智地进行选择。

以下是你在与投资人交流时需要弄清的一些事情：

- 投资人对你所在的行业有经验吗？那些有经验的人可以立刻给你提供帮助。对于这个行业的运作方式是什么、机会在哪里、需要考虑哪些风险等问题，他们都有非常宝贵的见解。无论是帮忙推荐客户，还是介绍优秀员工，他们都有广大的人脉网络可以使用。投资人缺乏这样的经验虽然不会让交易泡汤，但终归不够理想。
- 他们是否投资过与你的商业模式相似的公司？如果是，他们将能帮你的公司进行调整改进，指出你很难发现的一些误区。
- 他们的优势能弥补你的不足吗？如果你擅长产品开发，可能就得寻找有销售背景的投资人；如果你擅长市场营销，可能就需要在工程方面很有见解的人。这就像组建一支球队，你需要各种各样的技能，如果每个人都打同一个位置，你的队伍就走不了太远。

接下来，你将要调查一些投资人不会告诉你的事情（至少不会直接告诉你）。你可以联系其他几位该投资人投资过的创始人，最好是那些业务陷入困境甚至彻底失败的创始人。你要了解，在公司面临困难时，投资人是如何应对的：

- 他们是否给予了有力的支持？还是说当形势变得艰难时，他们会抛弃创始人？
- 他们找到提供帮助的方法了吗？还是说他们自己也在努力寻找答案？
- 他们与创始人进行严肃的对话时，是否做到了尊重他人和表述清晰？还是会大声喊叫和斥责他人，甚至让人很难理解他们想要表达什么？
- 他们是否尊重这样一个事实，即他们始终是顾问的角色？还是他们试图控制局面，并打算操纵公司？

只有在掌握了所有这些信息之后，你才能决定选择接受哪一家或几家投资机构的条款清单。

对于风险投资基金，规模很重要，年份也很重要

我前面提到过，风险投资人投给你的钱来自他们的独立基金。有限合伙人（风险投资术语为“LP”）将资金放入某一只特定基金里，然后该基金将资金投给初创公司。一家投资机构的某一只基金可能表现出色，而另一只则表现平平，具体取决于每只基金押注了哪些公司。

根据经验，基金的存续期大约为10年。风险投资人会在前3年将基金的一半资金用于投资新项目。（这些初创公司的集合被称为基金的“投资组合”。）在接下来的3～4年，他们会用剩下的钱对投资组合中表现最好的公司进行追加投资。他们的希望是，在这只基金最后的3年时间里，至少有一家公司能实现重大的退出，而这只基金的大部分回报都会来自这家公司。

因此，在研究候选的风险投资机构时，还有以下两个因素要予以关注：

1 **基金的年份。**基金的“年份”是指基金启动的时间。你的目标是获得一只年份很近的基金（成立的时间在过去一年左右）的支持，这样如果你的公司早期表现不错，风险投资机构就可以在中期的3～4年里给你投更多的钱。而如果你是在基金第一期的末尾拿到投资，那么你可能没有足够的时间来证明自己做得有多好，并且可能会因此失去任何追加投资的机会。

2 **基金的规模。**你要尽量回避那些相对于你的融资额来说规模太大的基金。例如，一只基金规模为5亿美元，而你只需要300万美元，你就很可能得不到风险投资人的最大关注——对你的成功可能至关重要的建议和帮助。当有一些更大规模的公司需要他们帮助时，你的规模不足以证明让他们把时间花在你身上是合理的。相反，如果你从一只2.5亿美元的基金那里获得了1 000万美元，可以打赌你对投资人来说很重要，且更有可能获得持续不断的支持。

不要中途换马

要知道自己想与投资机构里的哪位合伙人一起工作

创始人经常犯的一个错误，是认为风险投资机构与普通公司一样，高管可以互换。他们想当然地认为自己可以先联系某位合伙人（原因也许是有人帮他们做了热情的推荐），向此人推销自己的初创公司；然后，一旦双方建立了联系，再要求与投资机构里的另一位合伙人对接（此人才是他们真正想与之共事的人）。

请不要这么做，风险投资机构不是普通的公司，而是一群独立合伙人的集合，每位合伙人都会构建起自己的投资组合[1]。这些合伙人们的自尊心通常都很强，先与一个人建立联系，再要求换另一个人对接，这样做后果不妙。如果你与合伙人 A 关系很好，但对另一位合伙人 B 更感兴趣，那么打从一开始，从 A 把时间花在你身上之前，就请他把你介绍给 B——尤其是在你能合理地解释为什么 B 更适合你的情况下。

补充说明：让投资机构里最资深的合伙人成为你的投资人，通常是非常有用的。他们手上掌控着更多的资金，可以为你的初始融资和任何潜在的后续融资提供支持。在大多数投资机构里，由谁来牵头负责哪个项目并不是由某个核心团队决定的；相反，合伙人们会自行协商，决定他们的（有限）资金将投向何处。可以想象，一位合伙人的地位越高，协商结果就越有可能如其所愿。

真实故事：我曾经看到一家前途光明的创业公司在 B 轮融资中失败了，原因仅仅是他们的投资机构里一位更资深的合伙人心情不佳。在这家投资机构里，负责该初创公司的合伙人（也是该初创公司董事会中的主要投资人）资历较浅。在某周一的合伙人会议上，他们要决定是否参与该初创公司的 B 轮融资。不幸的是，那位更资深的合伙人周末把自己的高端跑车给毁了，因此出席会议时心情很差。合伙人会议需要对两家公司进行投资决策，一家在资深者的投资组合中，另一家属于资历浅者的投资组合。会议开始 3 分钟后，资深者突然无来由地宣布，机构将投资自己所负责的那家公司，而不是资历浅者所负责的公司。就这样，讨论结束。

想到自己公司的命运，就由风险投资机构里的合伙人反复无常的情绪来决定，这实在恐怖。但事实的确如此。在这次事件中，该初创公司受到了严重的影响。它很难在 B 轮融资中拿到任何资金，因为 A 轮融资的领投投资人拒绝参与后续轮的融资，其他投资人就会怀疑该公司一定有美中不足之处。最终，这家公司只能同意从一只边缘基金那里获得一笔规模小得多、条款糟糕的投资。不久之后，它就被一家大企业以低价吞并，在事实上结束了创业之旅。

[1] “投资组合”（portfolio）这个术语可能会让人感到困惑，因为在风险投资界，它有 3 种不同含义：特定合伙人投资的公司的集合、整个投资机构投资的公司的集合，以及（投资机构里的）特定基金投资的公司的集合。

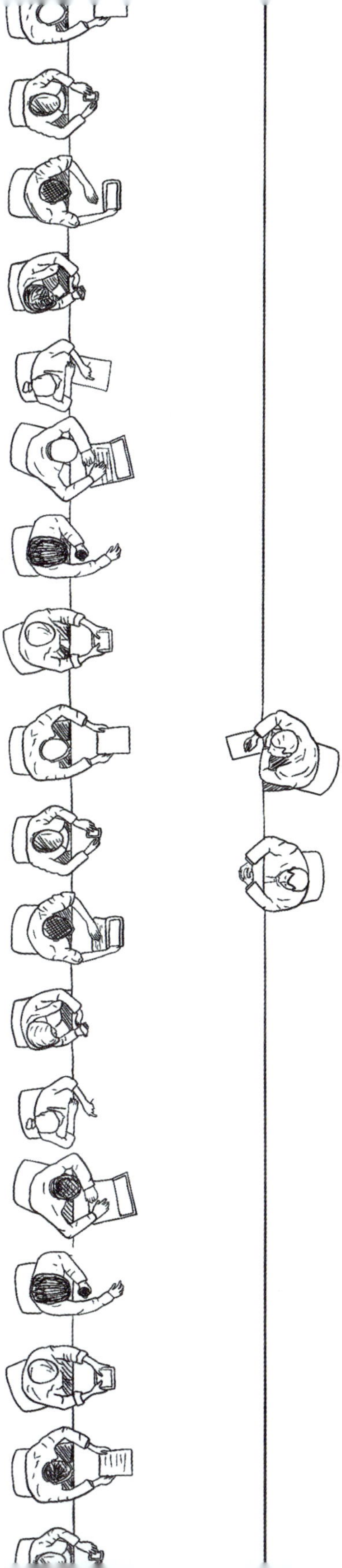

保持冷静

在不舒服的情况下让自己舒服起来

在我和麦金农进行 C 轮融资（我们的第三轮重大融资）时，有一天我们去硅谷一家顶级风险投资机构赴约。

我们被带到一间巨大的会议室，里面有一张我这辈子见过的最长的桌子。在桌子的一侧坐着这家机构的 20 个人，其中一些我只在商业杂志上见过；另一侧则只有麦金农和我。氛围有点吓人。然后，该投资机构里最资深的合伙人走了进来，这位先生是科技界的传奇，参与了硅谷一些最具历史意义的投资，但他并没有走向他的团队，而是直接走到我们身边，拉了一把椅子挨着我和麦金农坐下。他很友好，也很放松，甚至还开了几个玩笑。会议室里的整个氛围发生了改变。审判庭的感觉消失了，取而代之的是一些轻松的氛围。

融资路演会议总是很恐怖。为什么呢？你毕恭毕敬地如约来到一间气派的办公室，那里通常有着巨大的玻璃墙壁、高级木质镶板，外面还停着几辆豪车；你向办公室里坐拥数亿（有时甚至是数十亿）美元的人“乞讨”，他们弹指之间就可以改变你的生活。当然，充分的准备有助于你保持神经镇定。完善你的路演材料，直到它能“刀枪不入”；练习回答所有可能的问题，直到你在睡梦中都能给出答案；研究这家投资机构，它的合伙人、员工、近期投资组合和投资利益，研究到张口就可以说出能引起合伙人共鸣的观点。

但是不管你准备得多好，总会有意外。在另一次融资路演会上，我和麦金农赶到现场时，发现我们必须说服的那位资深合伙人是通过电话的方式参会。我们焦虑到了极点。这家伙怎么能了解我们要与他交流的一切信息呢？但会议进行得很顺利，这位合伙人从远程娴熟地掌控会议，我们谈到了所有的要点。后来，这位合伙人决定支持我们。

所以，要为难以预料的情况做好准备。而当意料之外的事情发生时也不要丧失勇气，就顺其自然吧，结果可能比你想象的要好。

进入风险投资城堡的钥匙

在接触投资人之前，你需要准备好 4 份材料

电梯间推销话术

想象一下，你与你理想中的投资人同乘一部电梯，你只有 30 秒左右的时间说服他与你面谈并听你的融资路演。你会怎么说？

你不能长篇大论，相反，你要用 100 个词或更少的话语将你公司的亮点告诉他，让他渴望知道更多。你讲的内容也许与市场和创意有关，也许是你目前为止所取得的成绩。讲得要具体，避免使用行话，要做到让中学生都能听得懂的程度。

写下你的电梯间推销话术并背熟它。你永远不知道什么时候就能遇到一位潜在的投资人。

摘要

这是一份文档（一份 1～2 页的 PDF 文件，可以作为电子邮件的附件或打印出来分发），或一段简短的视频（最长 3 分钟），其中总结了你公司的所有关键信息，包括公司的宏伟愿景、要解决的问题、正在打造的产品或服务、创始团队和核心员工的姓名和简历、可触达市场、商业模式、竞争对手、任何知名的天使投资人，以及你计划融资的金额等。

摘要的作用是激发阅读者的兴趣，让他们想与你进行一次会面。要确保它的设计够吸引人，就像一本旅游手册那样能诱惑阅读者去了解更多。

千万不要通过电子邮件发送融资路演材料。如果投资人要求你发材料，给他们发一份摘要即可。如果他们还是要你发路演材料，那显然是感兴趣了；既然他们想了解全面的情况，那就坚持要他们与你会面。

财务预测模型

你的内部财务预测模型是一张电子表格，里面包含公司未来 24 个月的详细财务数据：支出、人员数、预计销售额，以及本轮融资额预计持续时间。而你给投资人的则是一份简化版本，只需要说明公司还剩多少现金、每月（或每季度）资金消耗的速度、当前员工人数，以及未来两年中每个季度的预计客户数量（或订购款、销售额等任何关键指标）。

你可以自行增加未来 3～5 年内公司的员工数量、收益和自由现金流等指标的粗略数据，让投资人大致了解你的公司将成为什么样子、规模能做多大。你不必详细敲定这些数据，投资人明白，从技术上讲很多事情是不可知的。但你要确保能解释这些数据是如何得出的。

融资路演材料

大多数的融资路演材料都是按照一个标准格式编写的，它包括以下内容的幻灯片：愿景、问题、市场规模和机会、产品或服务、商业模式、运营现状（或其他可验证的证明）、团队、竞争对手、财务状况和融资金额。但要简洁，最多 12 页幻灯片。没有人会坐着看完一份 30 页幻灯片的路演材料。

我要特别强调一点：比起编写一份路演材料，学会在没有幻灯片的情况下讲述你的创业故事更重要（就像我和麦金农向霍洛维茨和安德森路演时所做的那样）。当你站在一群投资人面前时，你要成为一个讲故事的人。你要用你公司发展方向的愿景征服他们，让他们相信这是一个绝佳的机会，以及为什么只有你和你的团队能抓住这一机遇。一旦你掌握了这个能力，幻灯片就只不过是你演讲时的背景板而已。

最后，给他们留下一份路演材料的打印件，以便他们能记住你的精彩故事。

Okta 最早的“电梯间推销话术”

商业软件正在向云端发展，而企业将需要一种方法来管理其员工对所有这些系统的登录。这已经成为一个大问题，而且随着企业开始通过网络工具开展业务，问题会越来越大。Okta 已经建立了史上第一个中心化的网络“身份管理”系统。我和麦金农曾参与了 Salesforce 从 0 到 IPO 的整个创业过程，我们知道如何建立这样的网络基础设施。我们获得了 100 万美元的天使投资来启动公司。目前公司有 12 名员工、10 家客户和 10 万美元的年收入，并且有明确的路径能实现 100 万美元年收入。

讲好你的故事

“如果你讲不出东西，你就卖不掉东西。”

“故事就是一切。”贝丝·科姆斯托克（Beth Comstock）说。她是通用电气公司的前副董事长，曾负责通用电气的业务创新部门。“如果你讲不出东西，你就卖不掉东西。”

科姆斯托克是一位营销大师。她的职业生涯从讲故事开始，先是在公共电台上讲，然后在电视上讲。加入通用电气之后，她迅速晋升为首席营销官（CMO）。在通用电气业务创新部门，科姆斯托克看到有些创始人在谈到他们想启动的公司和项目时，会犯一个常见的错误：“我经常看到，一些创始人和领导者在谈论他们技术上的‘神奇之处’时，讲着讲着就卡壳了。”她说：“他们忽视了一个事实，就是他们要说服听众关心此事。”

讲好你的故事对融资至关重要，但在其他领域也同样重要。你要给你想招募的第一批员工讲故事；要给你的客户讲故事，尤其是那些冒险把钱交给一家未经考验的实体的早期客户。在媒体上讲，在会议上讲，给潜在的合作伙伴讲，甚至给自己的家人讲。

下面是一个成功的创业故事，由 Goodr 的创始人贾丝明·克罗讲述。Goodr 是一家总部位于亚特兰大的共益企业（B Corporation），致力于减少食物浪费和解决饥饿问题。我请科姆斯托克来听听克罗的故事，然后点评是哪些地方让这个故事如此有效。

克罗的故事

2013 年，我开始在我的公寓外面给那些挨饿和无家可归的人提供食物。我的钱不多，但我会做饭。我在 Facebook 上发消息说："下周日我要去市区，在街上分发食物，邀请你加入。"有大约 20 名志愿者加入了。我做了意大利面当晚餐，还拿出了我的小音箱。我们播放杰克逊五人组（The Jackson 5）、艾瑞莎·富兰克林（Aretha Franklin）和詹姆斯·布朗（James Brown）的音乐，就像是一顿老派的周日晚餐。我租了桌椅和亚麻桌布，营造一种餐厅的感觉。

与此同时，我开始研究食物浪费问题。我感到非常沮丧，简直不敢相信竟然有那么多食物被浪费了，而我却在这里用包括捐款和我自己的钱在内的区区 5 美元，试图给 500 人提供食物。那时，送餐应用程序也开始出现。我拿到了 DoorDash、Uber Eats 和 Postmates 等应用程序的推荐码，我开始想："餐厅会需要像这样的东西，以便把多余的食物分给需要的人。"

后来我发现我的一位大学朋友，他受过良好的教育，从事电影行业，却正在工作和挨饿之间挣扎。那是一个关键性的时刻，让我觉得我必须开发这个应用程序。

我参加了谷歌公司在佐治亚理工学院为创业公司举办的一场"黑客马拉松"。我开始描绘这个应用程序的界面，然后与工程师们一起开发。

亚特兰大机场启动了一项创新计划，试图将该机场打造成一个零浪费的基础设施。他们呼吁各种项目参与，帮助实现这一目标。我前去对他们宣讲说："这儿是世界上最繁忙的机场，有超过 115 家餐厅。它们每天停止营业时都在浪费食物，而这些食物本可以分发给社区里的人们。"该机场位于佐治亚州的大学公园市（College Park），那里大约有 65% 的儿童生活在贫困之中。我说："当机场周边的这些儿童和家庭在挨饿时，你们机场没有理由浪费任何食物。"

与我们合作的餐厅不仅能因捐赠而获得减税，还能得到我们提供的关于有多少食物被浪费的数据。它们现在可以据此减少食物的制作，这有助于它们节省成本。我们从一家拥有大约 25 间餐馆的特许经销商开始。在下一次特许经销商会议上，他们告诉其他人："我们深入了解了这些数据后，3 个月就节省了 8 万美元。"这鼓励了其他特许经销商加入进来。

科姆斯托克的反馈

创始人是故事的一部分。那些实实在在的情形——从周日开始行动、播放杰克逊五人组的音乐、用意大利面当晚餐等，使我永远不会忘记克罗和她的激情。故事已经告诉我她是一个什么样的人。

故事必须具有个人真实性。克罗的故事让你相信，她会实现她想要的目标。

故事应该是励志的。它没有必要完全真实，而创始人有时对这一点太在意了。因为你在设立愿景时，你就是在说"请帮帮我"；你要开诚布公地说"我的目标是XX，但我还没有抵达这个目标"。这种诚实的态度是有说服力的。

她提出了一个愿景。你在所讲的故事里要做的部分工作是告诉人们："这就是我们前进的方向。"克罗做的不只是给人们提供食物，她是在为企业提供生产力解决方案。你开始相信："哇，克罗能创造未来。"

诱惑的秘密

来自一位获得 1 000 万美元投资的创始人的经验

伊利亚·列夫托夫（Ilya Levtov）曾在高盛公司和风险投资机构 Venrock 工作过，他在 2014 年创立了 Craft.co 公司，为客户提供机器学习 – 生成智能的技术。融资绝非易事，“在得到一个人的肯定答复之前，我可能已经向 100 个人做了路演。”列夫托夫回忆道。不过，最终他还是拿到了 1 000 万美元的 A 轮投资。那么他是怎么做到的呢？以下是他在自己的实例中学到的 3 个要点：

- **描绘一幅关于美好未来以及巨额回报的蓝图。**列夫托夫说：“我在风险投资行业的经历告诉我，达成交易的一个重要驱动力，是投资人认为将会有巨大的回报。不是‘大’或‘很大’，而是‘极其巨大’。”风险投资机构需要这些巨大的“本垒打”来为背后的出资者提供必要的回报。“我在风险投资界曾经的老板之一托尼·孙（Tony Sun），会用一句话来盘问找他融资的创业者：‘这项伟业的曙光是什么？’”列夫托夫解释。创始人的路演要能让投资人眯起眼睛远远看到一家估值 100 亿美元、收益 5 亿美元的上市公司。在你编写路演材料的时候，要想好如何表现出地平线上即将出现的“伟业的曙光”。

- **运用类比。**即使是投资人也很难想象你会走向何方。“你要建立一个论点，解释为什么这个尚不存在的东西可以存在，或是有一天将会出现。”列夫托夫说。类比有助于缩小认知的差距。这就是为什么你经常听到创业公司被描述为“某某领域的优步”，或者“某某领域的爱彼迎”。在列夫托夫的案例中，他将 Craft.co 比作线上房地产平台 Zillow 和 Trulia，但所面对的对象是公司，“我会说：‘看，这个东西已经在这个领域行之有效了。我们要赌的是在我们这个领域里，类似的东西也能奏效。’”

- **要有热情。**“人们喜欢正能量。”列夫托夫指出，“热情可以让人们兴奋，兴奋到甚至会说‘我实际上听不懂那个人讲的是什么，但为了加深了解，我会再给他一次面谈的机会’。”当然，你还需要严谨的分析和有说服力的论据。而且，你不应该假装满腔热情，如果你不是一个天生热情开朗的人，就不要假装是。要用一种对你来说自然的方式传达你的兴奋之情。

根据我自己的经验，我再补充两点：

- **用你自己的语言，而不是用流行语。**如果你对自己的创意有非常深刻的理解，且能清楚地解释你的客户的需求和他们正面临的痛苦、你的特定产品的魅力和未来的巨大机遇，投资人会有更好的反应。不要过于积极地做推销，而要更注重真实感受。

- **认识到你的客户将是你最有力的拥护者。**你可以给投资人提供一份客户名单，让他们去打电话核实，但最优秀的风险投资人会背着你去找那些不在你名单中的人进行交流。讲个真实的故事：一位早期决定支持我们的风险投资人找我要了十几位客户的名字，后来我问他核实的电话打得怎么样了，他说这些客户对他很有帮助，然后补充道：“真正有价值的，是我自己找到的另外 32 位 Okta 的客户。”

斗志昂扬，近乎虔诚

不气馁的艺术

我最喜欢的一个关于融资的故事，来自 Box 公司的阿伦·利维。当利维还是南加利福尼亚大学的学生时，他和高中好友迪伦·史密斯就想出了一个创意，可以让人们通过网络存储和共享文件。我们今天认为这是理所当然的，但在 21 世纪的前 10 年，这仍然是一个新奇的创意。

利维和史密斯对他们用来交换文件的笨重系统感到很恼火。因此夏天的时候，他们躲在史密斯位于西雅图的家中，在阁楼里捣鼓出了一个计划。然后他们联系了当地的一些投资人（由于微软的财富效应，那里有很多投资人）。但是，就像利维告诉我的那样，“基本上所有人都拒绝了我们。”你真的不能责怪那些潜在的投资人，利维和史密斯当时只有 20 岁左右，并且看起来像 12 岁。“任何专业的投资人都是避之唯恐不及的。”利维说。

他们一度找到了微软的联合创始人保罗·艾伦的家庭地址。他们打印了一份商业计划书放在艾伦家的前门，但毫无回应。与此同时，他们还查到了微软的主要传真号码（是的，传真，在 21 世纪之初它还很常见），给比尔·盖茨发送了一份商业计划书。依然没有回应。但他们毫不气馁，又找到了马克·库班（Mark Cuban）的电子邮件地址。库班当时还不是电视节目《*Shark Tank*》的评委，而是一位知名的企业家，经常在博客上发表关于创业的文章。他们给库班发了一份商业计划书，随后他们很惊讶也很高兴地收到了一张 35 万美元的支票。

我喜欢这个故事的原因在于：创始人必须富有生命力。很多人认为，利维和史密斯没有资格找别人索要几十万美元。但这并不能阻止他们。他们知道自己有一个绝佳的创意，他们不在乎用通用号码给比尔·盖茨发传真有多么可笑。看看他们收获了什么：足够让他们从大学辍学去开始创建自己公司的钱。16 年后，Box 的估值为 40 亿美元。

见 解

创始人以为，他给我们做融资路演时，我们是在评估商业机会。确实如此。但我们同时也是在评估他这个人。一个人说服我们的能力代表了他向别人推销东西的能力。你能说服别人来为你工作吗？你能说服客户使用你的产品吗？除了我们，你能说服更多人相信你吗？

——马克·安德森
安德森－霍洛维茨投资公司

合谋确实存在，但很难被证明

永远不要告诉风险投资人你还在与谁交流

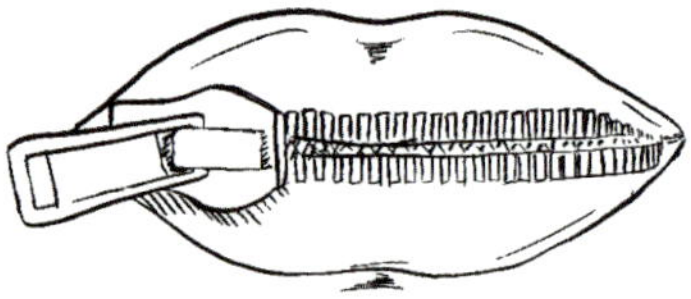

在美国，操纵价格是非法的。法律禁止公司联合起来，集体决定对某一特定产品或服务的收费。对于风险投资人也是如此，他们不得联合起来，决定你的公司值多少钱，以及打算花多少钱购买它的股权。

但他们这样做过吗？我没办法回答，但确实有这种传言。

作为创始人，你的目标是避免风险投资人对你这样做。原因很明显，这样做对你不利。那如何防止这种行为发生呢？不要告诉投资人你还在与谁交流，那是他们知道该与谁合谋的唯一途径。

当然，不可避免地会有两三个投资人问你还在与谁交流。他们会让这个问题听起来像是一个随意的提问，而你会觉得很难回避。所以，我给你一句充满魔力的话来应对这种时刻："正如您可能想到的，其他优秀的投资机构。"这样回答不仅能帮你摆脱困窘的处境，还会暗示提问者你已意识到了他们的把戏。于是他们将会退让。

不要担心这样做会影响你与他们合作的机会。事实上，他们会因为你看穿玄机而重视你。如果他们真的看好你的公司，不管怎样都会给你签支票的。

现在是融资季！

向风险资本融资有两个首选"季节"：尽量在 1 月下旬（马丁 · 路德 · 金纪念日前后）或 9 月上旬（美国的劳动节之后），启动寻找投资人的工作。夏天投资人们会去度假，所以很难把合伙人凑齐，坐在一起签署一份新的投资协议。至于年底，大家在假期前后都动力不足。当然，这些建议并非铁则，你何时开始都可以。但如果你的时间有弹性，请把这些日期当作参考。

马丁 · 路德 · 金纪念日（1 月 20 日）	阵亡将士纪念日（5 月最后一个星期一）	美国的劳动节（9 月第一个星期一）	感恩节（11 月第四个星期四）

拒绝的一百万种方式

那些决定不给你投资的风险投资人，就像那些不告诉你“我不喜欢你”的约会对象。很少有投资人会断然拒绝你。他们可能会这样回答：“我们的基金还在募集之中。”（尽管他们确实听了你的融资路演，甚至可能已经开始进行尽职调查，而尽职调查通常只发生在基金账户里有钱可投的情况下。）他们可能会告诉你“我们需要更多时间”，他们可能会说“还需要与更多人交流”或“目前正在关注其他几笔交易”，他们可能会说“今天是周二，正在下雨”——不管他们怎么说，都意味着同一个答案：不。

站在风险投资人的立场看，他们并不是打算吊着你，避免直接拒绝别人是人之常情。更重要的是，风险投资人害怕自断后路，他们生活在错失恐惧症之中。说不定哪一天你突然成了抢手货呢？他们希望与你合作的大门一直敞开，以便参与你的那一轮或下一轮融资。

所以请铭记：时间是你最宝贵的资产。不要浪费时间去琢磨一家投资机构是否真的喜欢你，就像约会谈恋爱一样，如果对方真的喜欢你，你是会知道的。他们会不停地约你参加一次又一次面谈，最终你将能给他们的合伙人做融资路演。

但如果你得到的是含糊其词的答案，和没有任何实际行动的愉快交谈，那就把他们抛到脑后，自己继续前进。

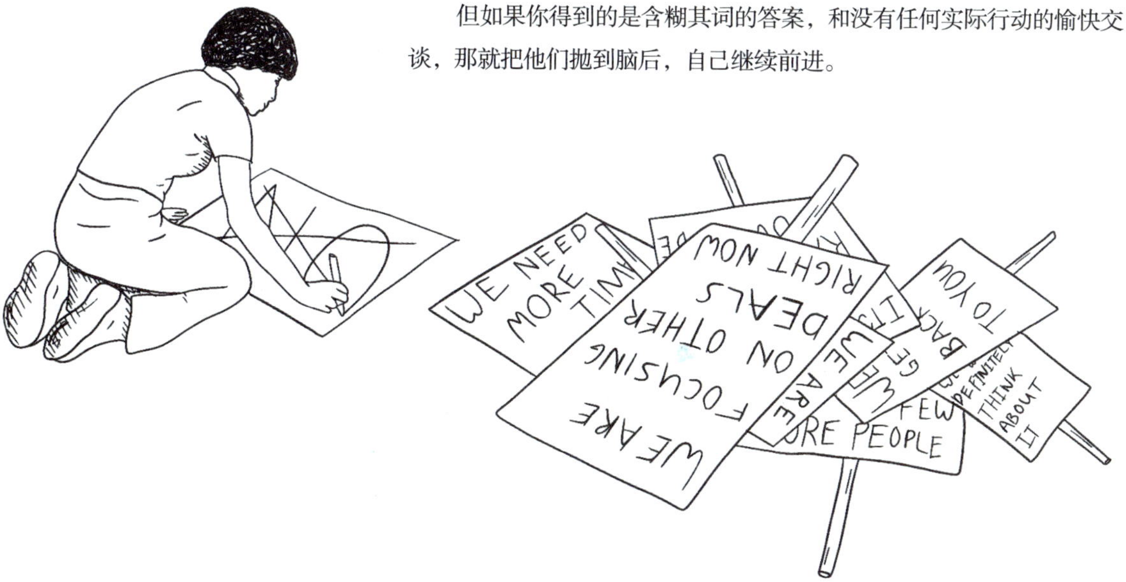

属于少数群体的创始人如何打开局面

对付隐含偏见的 5 种方法

融资从来都不容易，但研究表明，女性和有色族裔融资更难。我完全清楚这一点。虽然我和麦金农在融资的时候遇到了一些困难，但我们都是男性，曾就读于斯坦福、麻省理工和加州理工等顶级大学，这些事实无疑在很多方面缓解了我们的困难，比如，从一开始就让我们有机会迈进投资机构去做融资路演。

有很多文章分析过风险投资界的认知偏差，以及这些认知偏差怎样影响到哪些人能获得投资。尽管他们自己不一定能意识得到，但很多风险投资人都是依靠两个因素来控制投资风险的：热情推荐和模式识别。这两个因素都迎合了人最原始的、厌恶风险的蜥蜴脑。由认识的熟人介绍过来的创始人是得到了“社会认可”的，而与你没有关联的人则是个未知数。这就是“热情推荐”会有很大帮助的原因，尽管这对那些尚未加入合适的人脉网络的人来说非常不公平。

“模式识别”是指用自己对过去的认知预测未来。以开车为例：当你第一次出门上路的时候，你会注意周围的一切；过了一段时间后，“模式识别”将帮助你的大脑学会分辨哪些情况可以在后台安稳地处理（比如正常的交通状况），哪些情况需要提交前台以采取针对性的行动（比如一个孩子跑到了马路上）。当创始人走进投资机构的大门时，如果他们看起来与其他成功的创始人很像，风险投资人可能会对他们的融资路演持更开放的态度。而当创始人看起来截然不同时，风险投资人有时会提出更多的问题。

风险投资在很大程度上依赖直觉。尽管投资人要处理大量的数据，但与股票市场一样，他们实际上只是针对谁有可能成功做出一些有根据的猜测。为了攻克这种根深蒂固的无意识偏见的堡垒，请参考以下技巧：

1 **研究你的听众。**寻找一些方法来制造共同点。也许你与要听你融资路演的投资人就读于同一所大学或研究生院，也许你们是同乡，也许你们有共同的兴趣或爱好。所有这些都有助于你远离“未知数”，营造熟悉感。

2 **突出那些能给你可信度的特质。**强调一些清晰可辨的权威信息：你的学历、工作过的公司、担任过的职务、获得过的任何奖项（无论是在工作中还是在学校里，甚至是在体育运动方面所获得的）。要突出你的人脉网络中那些为你的听众所相信的人，以及可以给你做担保的人。

3 **求助于私密网络。**在你之前曾获得融资的女性创业者、黑人创业者、拉丁裔创业者等，他们知道哪些投资机构对少数群体创始人有较好的投资记录、哪些甚至不值得接触。加入这些人脉网络，他们会帮你节省时间。

4 **预测他们的问题，把握好你的回答。**研究表明，投资人更倾向于向男性创始人提问公司盈利前景的问题，而向女性创始人提问如何防止亏损的问题。思考框架的不同几乎从一开始就注定了女性失败的命运。哪位投资人愿意把钱投给一个担心自己会产生亏损的人呢？不过，有一个方法可以解决这个问题。研究表明，当女性将她们的回答转向讨论盈利前景时，她们最终会融到更多的钱。

5 **成为身体语言的大师。**我希望你与投资人相处的过程是美好的，但也有可能你会遇到些许令人沮丧的事情。有些投资人认为，他们的工作就是要咄咄逼人，要不断抨击融资路演，甚至抨击创始人本人。[1]你要学会不被这些事情困扰，要永远表现出自信、热情和不可战胜的能量。投资人会注意到一些非语言的暗示，比如身体语言、面部表情和声音，即使他们没有意识到这一点。一丝丝沮丧情绪就会让他们怀疑你是否有能力应付公司初创期的种种艰难，而遭受打击却不动声色往往会给他们留下深刻的好印象。

[1] 一些投资人为这种行为辩护，说由于创始人在工作过程中不可避免地会遇到一些讨厌的人，他们是在测试创始人如何应对这种情况。当然，有些投资人本身就让人讨厌。

融资不能没有合理的理由

也许是为了救命

风险资本是一种战略资金。你向风险资本融资是为了帮助公司实现一个特定的目标，而这个目标是依靠你的银行存款加公司未来的预期收入所无法实现的。例如，你想进入一个新的市场；或者你可能意识到是时候开发一款新产品了，尽管对这种产品的需求目前还不存在，但几年之内就会出现。这些都是寻求投资的合理理由，因为这些项目将有助于提升和巩固你公司的竞争力。

以下是不要尝试寻找风险投资的几个理由：因为公司运行无序；因为你还没有搞清楚公司的商业模式；因为你在不断烧钱却没有获得任何结果。

如果你的公司运营状况不佳，风险投资也帮不上忙，只会延长问题存在的时间。这就像把钱给了一个无法证明自己能做出合理财务决策的人，这些钱只会让其继续做出糟糕的选择。同样，钱也解决不了你公司的问题，只会将已经存在的问题进一步放大。

如果一切进展顺利，如果公司正在全速前进，如果公司运营得很好，那么外部资金的注入会加速你的成长。如果事情进展不顺，或者公司组织失当，或者有一些根本性的问题一直没能解决，那么新的资金只会让你继续回避这些问题。钱不能解决你的问题，只会加剧问题的恶化。所以，当你开始考虑融更多钱的时候，请先扪心自问；如果存在尚未解决的内部问题，先把它们解决掉。

也可以自力更生

因为风险投资并不总能解决问题

埃米·普雷斯曼和她的丈夫兼联合创始人博奇·哈尔德于 2001 年创立了 Medallia。对于这家初创公司，他们原来并没有打算自力更生。与大多数新公司一样，在互联网热潮末期那些令人兴奋的日子里，他们设想着利用风险投资来推动公司的发展。

但后来发生了“9·11”恐怖袭击事件。Medallia 的创立是为了帮助各大品牌方实时了解客户的体验，而酒店业是该公司首要的目标行业之一。恐怖袭击让这个行业几乎完全停摆，同时也摧毁了风险投资市场。普雷斯曼说：“‘9·11’事件让互联网泡沫破灭了。”

公司被迫迅速精简。“我们卖掉了房子，靠积蓄生活。”普雷斯曼补充道。一切都必须缩减：产品规模、员工队伍、运营成本。

这种被迫的旺盛斗志最终带来了一线希望：Medallia 在客户中建立了足够的影响力，靠自力更生存活了 10 年。在这个过程中，普雷斯曼发现了一个并不被创业圈广泛理解的道理——向客户推销与向投资人推销所花费的时间是一样的。但卖了产品之后，他们仍然持有与创业之初同样多的股份；而如果资金来自风险投资，情况就不是这样了。

直到 2011 年，Medallia 才转向资本市场，当时社交媒体的兴起令他们必须在新的方向上快速拓展产品。公司当时的运营情况非常好，他们给 6 家投资机构做了融资路演，其中 5 家出具了条款清单，这让他们有更多的砝码去获得更有利的款项。2021 年，该公司以 64 亿美元的价格被出售。

以下是普雷斯曼关于自力更生的5个关键技巧：

1 找到真正喜欢你产品的目标客户。“如果做不到这一点，那么你可能需要寻找一项新的业务。”

2 贴近你的客户，不仅要了解他们的需求，还要了解他们愿意支付的价格。“不要在人们并不愿意购买的产品上花费大量时间。”

3 雇用海外的开发者可以降低你的成本，但只有你了解当地的情况时这才会对你有帮助。Medallia 曾在挪威（哈尔德的家乡）和阿根廷（工程主管的家乡）有过合作团队。

4 即便在海外进行招聘，估计你仍然会面临竞争，尤其是来自谷歌和 Facebook 等大企业的竞争。你无法在薪水上与他们匹敌，但可以在所提供的工作的质量上与其竞争。在大企业里，海外开发商很少能拿到最好的项目；但在你的公司，他们将是主体工作中不可或缺的组成部分。

5 进行本地招聘时要有创造性。在生育后重返职场的女性、退伍军人、国际研究生的配偶（他们通常持有工作许可证）等人群中，Medallia 发现了很多优秀的人才。[1]

[1] 可以上网搜索你所在的城市名称 + 关键词“天使投资网络”，找到你附近的天使投资人组织。

不要忘记你的天使投资人

在你成长时要带上他们

刚开始创业时，你可能需要求助于天使投资人，他们是一些帮助初创公司起步的高净值个人。[1]

向这些非正式投资人网络做融资路演，与向风险投资机构做路演一样。这样投资人就可以了解你的公司，并判定是否值得在它身上押注。但与风险投资机构不同，天使投资往往是个人独立决策。你不必说服天使投资人网络里的所有人，那些人的数量多到会让你发疯。

随着初创公司发展得越来越大，一些创始人开始忽视他们的天使。如果公司有幸进入 A 轮以及接下来的 B 轮融资，你将会面对那些不愿分享财富的风险投资人，他们想独自拿下这一轮融资的全部份额。这可以理解。他们愿意投资你可能是基于一个内在目标，比如持有你公司一定比例的股份（通常为 10%~25%，具体比例取决于不同的融资轮次和投资机构）。他们不愿将任何股权分给其他玩家。

但是，真正赚钱的还是后面几轮融资。你的天使早期投资时可能采取的是可转债的方式，这是一种日后能转换成股权的债务，但公司后续每增加一轮融资都会稀释这早期的股权。随着你的公司展现出越来越大的前景，一些天使可能想在接下来的几轮融资中投入更多资金，以维持他们的股权比例（这被称为 Pro-rata，即“按比例”），这意味着如果公司能成功退出，他们将获得更多的回报。

在这个问题上，有些创始人会犯目光短浅的错误，即把他们的天使抛在脑后。他们可能因为太过害怕，而不敢在面对新的风险投资人时为自己的天使辩护。又或者他们可能患有“闪亮便士综合征”，相对于在他们还无人问津时给他们签“亲友”支票的牙医和房地产老板，他们对新的风险投资机构更感兴趣。天使投资人完成了使命，现在创始人不再需要他们的服务了。很多天使投资人会在这个时候致电创始人，希望参与公司的新一轮融资，但却遭到拒绝。

创始人的这种做法忽视了一点：天使投资人不仅仅是签了支票让你起步，他们还把你推荐给其他投资人；当你需要建议时，他们会接听你的电话；他们把你介绍给潜在的客户，或者给你推荐优秀员工。而现在有了真正赚钱的机会，你就要将他们踢出局？

尽管我经常提醒创业者和同事们创业“不是一出《老友记》，而是一出《商业记》”，但记住这一点依然很重要：是天使投资人让你的公司成为可能。这些人在你身上下注，他们信任你。在硅谷，人们常说：“生命漫长，而硅谷渺小。”在这样一个独立于外界的沙盒里，你要打造一个善待他人的好名声。所以，当新一轮的融资即将启动时，你要毫不犹豫地联系你的天使投资人，然后为所有想参与的天使争取机会。他们的支票对风险投资人来说几乎只能算是零头。你可能会遭到某些风险投资人的拒绝，但最优秀的风险投资人能理解你，而且大多数都会同意。

在硅谷，人们常说：“生命漫长，而硅谷渺小。”在这样一个独立于外界的沙盒里，你要打造一个善待他人的好名声。

你的资金充足了，现在怎么做？

省吃俭用——除了以下 5 件事情

你完成了这轮融资，钱进到了公司的银行账户里。恭喜你！你高歌猛进，是时候好好利用这笔钱了，对吧？租一间能看到天际线的办公室！买一些高档办公家具！吃一顿大餐！雇一位瑜伽教练并分给其一些股票期权！对吗？

大错特错！

银行账户里数字巨大的余额，以及其他初创公司的挥霍无度，很容易将创始人弄得意乱神迷，但你不要被冲昏了头脑。因为在接下来的 24 个月里，这笔钱要用在大量的工作上，然后你还得出门去寻找更多的钱。你要保持精简和节约，只在以下 5 件事上奢侈一点：

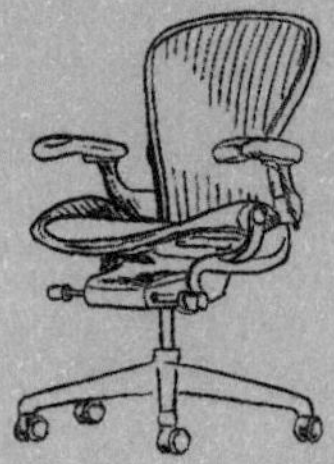

1

一位真正优秀的全职内部招聘人员。你的公司有多好，取决于你的员工有多好。一位优秀的内部招聘人员（用股票期权激励他），价值将远远超过他的成本。

2

一台优质浓缩咖啡机（我是认真的）。它可以免除员工离开公司去咖啡店期间的生产力损失。此外，员工在休息区交流，会让大家关系更密切，并且会带来一些突破性的创意。

3

极其舒适的人体工学座椅。（如果需要的话，再加上脚踏板）。当员工感觉舒适时，他们会更专注，还能避免他们患上腕管综合征。

4

开发人员级别的计算机和显示器。如果员工拥有合适的设备，他们会更高效、更开心，进而提升绩效。

5

居家办公式的绝佳装备。购买漂亮的座椅和显示器，以及办公桌、台灯和坐垫（如果员工没有的话）。你的团队在工作时越是舒适（和快乐），就会为工作带来越多的活力和创造力。

第5章

销 售

到 2012 年，Okta 的情况开始好转。我们摆脱了死亡漩涡，开始赢得一大堆的合同，也终于推出了一款适应市场需求的产品。我开始感觉良好：我们可能真的活下来了。

因此，当情况再度恶化时，我很震惊。

我飞到路易斯安那州，去向当地的一家公司做最后一轮路演，过程非常顺利。这笔业务将推动公司前进，我知道我们将处于有利的地位。我问对方我们的竞争对手是谁，当他们告诉我时，我得意地笑了。

“太好了！”我说，“我喜欢与他们竞争，因为我们每次都能击败他们。”两周之后，这家期望的客户打来电话，说已经把合同给了我们的竞争对手。

“您确定没拨错号码吗？”我困惑地说，“您应该是把这个结果告诉另一个人。”

“没错，我拨的是正确的号码。”那位高管明确地说。我感到胃里一阵痉挛，于是挂掉电话。我不敢相信我们输了。

第二天，我给这家期望的客户回了个电话。我没有试图去改变他们的想法，但我想知道，他们为什么要选我们的竞争对手。“你们太傲慢了。”负责此事的高管直截了当地说，“这是一项新技术，我们与获胜的公司必须密切合作才能实施好。”他说他不喜欢我们的态度，“我们认为你们将会是糟糕的合作伙伴。”

这句话很伤人，但我需要听到它，我的整个团队也需要。气势上咄咄逼人没有错，但不幸的是，我们也发出了一种不愿意倾听他人的信号。这次损失让我调整了销售团队的心态。我们需要专注于合作关系，而不是夸夸其谈的推销。这种调整花了一段时间，但一旦我们完成了重新定位，销售就开始加速。

销售是一个复杂的论题，有很多专门探讨这个主题的书籍。在这一章中，我将重点介绍面向企业的销售，即销售产品给公司和政府机构，这些客户通常是一些非常大的组织。它与面向个人消费者的销售很不一样，但它是我最为了解的。

接下来，我将谈谈我在向其他组织销售时学到的一些最重要的东西。比如，为什么这是一件涉及人与人之间关系的事，以及你必须如何把建立关系放在首位。我会解释为什么你作为创始人，需要与你的销售团队保持非常密切的联系。我将分享一些技巧，告诉你如何达成交易，以及你必须如何超越这些技巧，让你的第一批客户获得极大的成功。

对你们中的一些人来说，销售是一种全新的体验，有些人会觉得做销售很令人尴尬，有些人甚至觉得它令人反感。但是对于一位创始人来说，销售必须成为一种生活方式。我希望你看完这一章后，会觉得更有力量。但是，如果你的胃开始不舒服，那就要注意了。销售是你公司的基础，正如我在本书引言部分中所说的那样：“在将东西卖出去之前，什么都不会发生。”除非有人购买你们的产品，否则业务就不存在，你就无法实施自己的创意，无法成长，而且，肯定无法实现 IPO。

气势上咄咄逼人没有错，但不幸的是，我们也发出了一种不愿意倾听他人的信号。这次损失让我调整了销售团队的心态。

购买发生在人与人之间

为什么人际关系很重要

关于我前面提到的那笔告吹的业务，它有一个结尾：不久之后，另一家公司出现了，并最终成为我们的客户。那是波士顿的一家企业。该笔业务的交易额远低于路易斯安那州的那笔，只有大约 3 万美元。虽然这不是一大笔钱，但我仍然飞越了整个国家，带他们深入了解产品。他们同意进行一次付费测试，结果非常好，而我也飞到波士顿去了解事情的进展情况。不久，他们打电话告诉我们，交易达成了。

很久之后，那家公司的一位高管向我解释说，另一家同样位于旧金山的公司一直在与我们竞争该笔业务，“你们的产品运行良好，”他告诉我，“而另一家的产品运行得也很不错。”那么他们为什么选择 Okta 呢？“因为你亲自来拜访我们，而且是两次。”

销售其实完全是人际关系，购买的行为都是发生在人与人之间。购买普通的日用品，不管是买铅笔还是买胶带，都只是买卖，其中没有人情味。你作为顾客，知道自己想要什么；你发现有人在卖这个东西；你下订单；你拿到所买的东西……这个过程中你与其他人完全没有互动。

但面向企业的销售则不同。这种销售是费时型的，你必须投入几个小时、几天、几个月的时间游说未来的客户，让他们相信你的产品是他们想要且可以信任的。对于有些企业客户，你只需要与一个人打交道；不过对于像《财富》500 强之类的大型企业，你可能需要说服两个、三个，甚至十几个不同的人。有些人会成为你的拥趸，帮助你在组织内部推动销售进展；有些人则可能会抵制你，仅仅因为你的产品威胁到他们的势力范围，即使你始终不能把他们变成真正的支持者，也必须花时间设法淡化他们的反感，以实现销售。因此，你要像对待粉丝一样与这些人建立关系，而你如何培养和处理这些关系，往往会决定你能否达成交易，以及交易的规模和增长速度。波士顿那家公司的团队决定购买我们的产品，是因为他们与我见过面，而且对我很信任。

建立人际关系的最后一个原因是，今天从你这里购买产品的高管可能会跳槽到其他公司。如果你现在很好地与他们建立了关系，并一次又一次地证明你非常善于倾听和满足他们不断变化的需求，他们就会在接下来的两家、三家、四家公司里继续购买你的产品。

你必须读的两本书

无论你做的是哪一类销售，请记住其中的话

《人性的弱点》
（戴尔·卡耐基 著）

的确，这本书写于近一个世纪之前，但它现在仍然与20世纪30年代时一样有用。没有人能比卡耐基更好地解释成功销售的根本何在。根本不在于你想卖什么，而在于别人想买什么。

《销售红宝书》
（杰弗里·吉特默 著）

这本书涵盖了你应该了解的最高级的销售原则，尤其是在公司的早期阶段所要知道的那些。现在，Okta的年收益超过10亿美元，在世界各地有数百名销售代表；但即使有这么大的团队，我仍然经常与那些考虑使用我们产品的CEO和CIO通电话或者开会。你真的永远都在销售。

用稀缺性吓唬他们

测试客户认真与否的另一块试金石

你的第一笔大买卖会让你觉得成败在此一举。确实如此。为了达成交易，你觉得自己愿意做任何事情：降低价格、给你的未来客户附送其他产品、去他们家里拜访并给他们擦一个月的鞋……但是，不要屈服于这种冲动，事实上，你恰恰要做相反的事情。首先，做足功课，确保你的未来客户是认真的潜在客户；然后，你去拜访他们，做产品演示，讨论他们将如何使用它，并且勾画出一个实施计划的开端，由此引入稀缺性论点。

卡尔·埃申巴赫（Carl Eschenbach）带领VMware公司从200名员工发展到2万名，销售额增长了100倍，从每年4 000万美元增长到40亿美元。他是这样说的："你要满怀信心地告诉客户，'听着，我现在没有很多资源来跟进。有大量的客户对此感兴趣，我只能关注最大的客户。如果你对这笔买卖不是认真的，那好吧，我们以后再说。'"

这与重装房子时敲定一个施工队没什么区别，如果想要一家好的装修公司，你就必须按照它的时间表来。这就是逆反心理。你告诉客户，你现在可以为他们服务，但考虑到有很多其他客户也正在洽谈这项交易，一个月之后你可能就没空了。相信埃申巴赫。现在，他在红杉资本（Sequoia Capital）已经成为一名成功的风险投资人，并且在Zoom、Workday、Palo Alto Networks和Snowflake等公司担任董事。他说："这个策略很管用，我见过太多次了。"

做好销售准备

识别和争取目标客户的一些基本原则

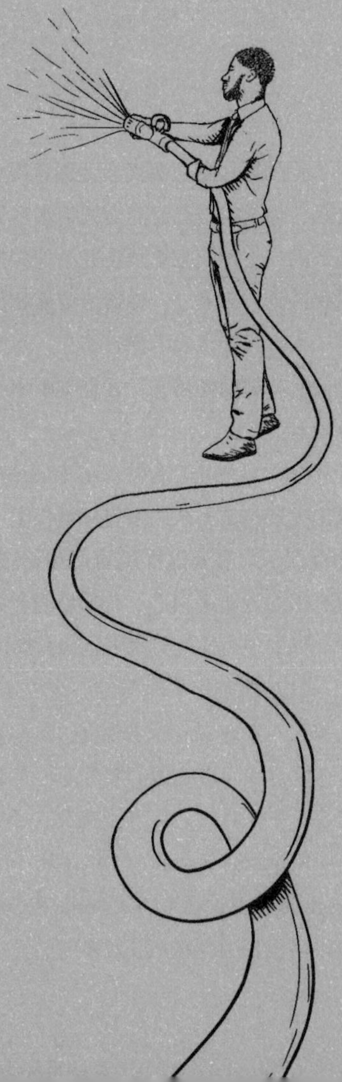

1 不要大面积撒网

尽管商业级产品通常是可供各个行业的大企业使用，但聪明的初创公司一开始只瞄准一两个行业。不同行业的具体需求和使用情形差别太大，很难立即全部掌握。另外，你的产品会比其他产品明显更适合某些行业。要选择看起来最适合或最有潜力的行业开始起步。追踪那个行业里的有希望的客户，重点关注（如果你可以的话）排名前 3~5 位的公司，它们被称为“灯塔客户”。如果你能赢得它们的认可，通常就能拥有从上到下的整个行业。任何行业的小公司通常都会追随领头羊，包括购买“领头羊”购买的产品。一旦你在这个行业上下站稳了脚跟，且有足够的证据证明你的系统有多好，就可以开始考虑扩展到一个新的行业。

2 寻找一位拥护者

大企业都是复杂的有机体。如果没有盟友从内部推动，你根本无法与其达成交易。这个盟友是你在客户内部的拥护者，可以向那些需要在交易文件上签字的利益相关方陈述你的情况。他们知道如何玩转职权和政治，也能意识到公司内部有哪些重大举措可能会从你销售的产品中获益。他们有一定的信誉，这是你作为一个外人所没有的。

Workday 公司的联合创始人阿尼尔·布哈斯利谈到他是如何与金吉达品牌公司（Chiquita Brands）的 CIO 建立联系的。与 Okta 一样，Workday 也是企业云服务的早期推动者。[1]在布哈斯利创立这家公司时，很多企业仍然不相信云服务，而坚持使用自己内部部署的工具。不过，金吉达的 CIO 理解技术的发展方向。在旧金山湾区的一次牛排晚宴上，CIO 告诉布哈斯利及 CIO 的团队：“我知道这是正确的方向，我愿意把赌注押在你们身上。”这是 Workday 与这位 CIO 达成的第一笔大业务，但不是最后一笔。后来，这位 CIO 跳槽去了另外两家公司，包括一家市值几十亿美元的个人消费品公司，他将 Workday 也引进了这两家公司。

提醒一点：你要确保你的拥护者是一名真正的拥护者，而不仅是一名“教练”。教练是会给你建议、指导你如何与其公司达成交易的人；而拥护者则是当你不在的时候，有权力（也有兴趣）帮你说话的人。我在路易斯安那州的那笔业务中就犯了这个错误。我之所以认为该笔业务十拿九稳，部分原因在于我以为我们的联系人是一名拥护者，但实际上他更像一名教练。他很乐意帮助我们，但他没能力为我们说话。当该企业内部另一个团队中资历较深的人认为我们不是好的合作伙伴时，这位教练没有足够的能量让我们获胜。

① 这些公司有时被称为“SaaS”公司。“SaaS”是“Software as a Service”（软件即服务）的缩写，因为这类公司采取订阅的商业模式。

3 不要承诺你的产品能做那些做不到的事情

当客户问起你的系统是否具备某些功能时，你很容易就点头说“是”，然后匆忙回来想尽办法去实现。但这不是一个好做法。首先，除非是非常简单的功能，否则墨菲定律很可能会从背后咬你一口；其次，你的未来客户会打电话向推荐你前来的客户查证，很容易就能发现你是否在说谎；最后，也是最重要的一点，当你坦率地说出你们能和不能做什么时，实际上会赢得客户更多的信任。

ServiceNow 公司的弗雷德·鲁迪讲述了他试图与一家非常大的国际银行达成交易的故事。这家银行的人想知道他的软件是否具有某些功能。“我们不仅告诉他们没有这些功能，”鲁迪说，“我们还坦承不知道该怎么实现。”这么坦率是有风险的，你肯定会失去一些业务，但你会得到更重要的东西——信任和信誉。“当出现这种情况时，”鲁迪说，“对方会说：‘我记住你了，因为下次我需要什么的时候，我知道你会对我说实话。’”

4 一定要与能够帮助你发展的客户合作

布哈斯利向我讲述了他是如何与自己的第一家《财富》500 强客户达成交易的。那是一家国际电子产品制造商，它在 35 个国家使用 80 款不同的人力资源系统，它想把所有的内容都整合到一个系统中。问题在于，该公司有 20 万名用户，而在当时 Workday 处理过的最大用户量是 1 万名。幸运的是，该公司的 CIO 相对年轻且新派，他不拘泥于旧的、内部部署的技术方案，愿意花时间做出改变。

布哈斯利的团队草拟了一份计划，说明需要多长时间才能取得实现这一巨大飞跃所需的能力。尽管客户显然需要等一段时间才能实际使用这个系统，但他们仍决定继续推进。不仅如此，他们还同意帮助 Workday 设计和发展这一产品。“在我们为一家《财富》500 强企业构建 IT 基础的过程中，这位 CIO 扮演了一名出色的顾问的角色。”布哈斯利说。从某种意义上说，这位 CIO 既是 Workday 的教练，也是拥护者，他帮助 Workday 得以成长为今天的巨头。

没有免费的试用

为什么免费的从来都没好货

一个有趣的事实是，客户获得免费的东西后，往往会拖延做决定的时间。你的试用产品会因为其他更紧急的项目而被搁置在一旁。这种情况将有损你的利益。

试用是企业销售流程中的一个常见步骤。对大企业来说，购买新产品是一件复杂的事项。在同意交易之前，它们需要确保该产品的有效性，所以会有无数轮的审查和批准。这种做法让早期的创业公司处于劣势。没有客户付款，就无法证明你的产品确实有效。但任何一家大企业都不能简单地在你身上掷骰子，一旦你的公司崩溃了，会扰乱它的业务。那么，你如何应对这种两难的局面呢？答案是：试用。

这是对商业软件如何运行的短期评估，在这些评估中，一个独立的小组或部门愿意尝试一下。试用可以帮助公司弄清楚在使用软件时会涉及什么，以及如何才能最好地使用这款软件。一次成功的试用可以支持内部拥护者的观点。

新初创公司的创始人们通常非常渴望获得试用机会，甚至愿意免费提供试用。但请你不要这么做，你应该始终坚持让客户为试用产品买单。

原因如下：除非客户有所投入，否则试用产品就是你的净损失。一个有趣的事实是，客户获得免费的东西后，往往会拖延做决定的时间。你的试用产品会因为其他更紧急的项目而被搁置在一旁。这种情况将有损你的利益。免费试用不仅会拖延实际销售的时间，还会以另一种方式伤害你。试用产品是你进行客户研究的机会——把产品送到真实客户的手中，看看哪些功能真正有用，哪些没用；如果客户不去使用，你就无法了解。

如果客户为试用产品付了费，他们就会使用它。在采购订单上签字的人会因为付给你的钱而承担责任，他们需要向老板展示一些看得见的东西，于是这份订单就点燃了一条对你有利的导火索。

坚持让客户付费，可以帮助你判断一家公司是否真的愿意给你机会。即使没有实际推进的意图（或预算），很多高管也会与你面谈，因为这有助于他们了解不断变化的市场形势。他们花得起时间，但你花不起。掏钱就是一块试金石，不是真心交易的客户会打退堂鼓。“现在对我们来说还不是最佳时机。”他们可能会说，“我不确定这是不是我们目前的首要任务。”这样你就知道了，可以把这家公司放在一边，而去寻找更有希望的销售机会。

如果客户告诉你，他们还没有准备好为你提供的东西买单，那就问问他们愿意为什么东西买单。这样你就能发现他们最大的痛点和最优先考虑的事情。我和麦金农就是这样发现 Okta 最早的创意行不通的。当我们询问 IT 主管们他们最大的需求时，他们提到了身份管理。在从足够多的人那里获得了相同的信息之后，我们改变了方向，开始朝着今天 Okta 的方向打造公司。

一开始，要求客户为试用品付费是令人生畏的，因为你可能认为他们试用你的产品是在帮你的忙。但是，如果你真的相信自己正在打造的东西，你就必须相信其实是你在帮他们的忙，帮他们解决问题。以 HubSpot 公司的布莱恩·霍利根（Brian Halligan）为例。霍利根和达米胥·夏（Dharmesh Shah）在 2006 年联合创立了这家公司（目前其估值近 400 亿美元），开发网络营销工具。在创业的早期，霍利根会带着一台老式的信用卡印刷机（用于印制信用卡复印件），直接在客户的办公室里收款。他的客户会抱怨系统中的一些漏洞（新软件早期版本的典型特征），似乎是暗示他不应该向他们收费。霍利根退缩了吗？没有。相反地，他给他们的选择是直接取消试用。很少有人会取消。霍利根的软件不管有没有漏洞，都比他们以前做事的方式更好，所以大多数人还是会掏出自己的信用卡。

像狐狸一样倾听

我一直在用这样一个比喻：作为一名销售人员，要表现得像耳廓狐，而不是短吻鳄。耳廓狐是一种原产于撒哈拉沙漠的哺乳动物，长着巨大的耳朵和小小的嘴巴。如你所知，短吻鳄长着小小的耳朵和巨大的嘴巴。最好的销售人员应该表现得就像耳廓狐一样：听得很多，说得很少。

如果你愿意听客户说，就能了解他们需要什么，然后你可以更好地展示为什么你的产品能帮助他们实现目标。但是，如果表现得像短吻鳄一样，你就可以与你的公司说拜拜了。流行的文化往往将销售人员描绘成夸夸其谈的人，但那样的人在现实世界中并不能真正地成功。

如何对拒绝视而不见

一点厚脸皮可能很管用

我听说过的最惊人的一个销售故事，发生在 VMware 公司的卡尔·埃申巴赫身上。在公司创立之初打造销售队伍时，他们的服务器虚拟化技术受到了一家大型制药企业的青睐。这家位于美国东海岸的企业已经新增了几十个用户授权，因此使用量的上升是显而易见的。埃申巴赫决定提出一种新类型的交易，这种交易将在可预见的未来里满足客户的所有使用需求：VMware 将大幅降低价格，以换取对方的预付费承诺。如果埃申巴赫能完成这笔交易，那将是 VMware 所达成的最大一笔交易。

埃申巴赫和一名初级销售代表前往东海岸与该企业的主要决策者开会。“我们一到，他们就开始狠砍价格。”埃申巴赫说，“仅仅因为我们是一家年轻的初创公司，他们就痛宰我们。他们担心是否真的可以向我们做承诺，我们是否有资源来支持我们提议的交易。”

埃申巴赫能看出，客户确实想使用他们的产品，但坚持要更低的价格。埃申巴赫不肯让步。“我们实际上可以向他们展示产品的价值和帮他们节省的所有成本。”埃申巴赫说，但客户对此并不感冒。“最后，他们只是说：‘对不起，我们不打算购买了。价格不合适。’”

当高管们鱼贯走出会议室时，埃申巴赫沉默地坐在那里，陷入震惊之中。他毫不怀疑自己的策略，但结果就是如此。随后，埃申巴赫灵光一闪，他对自己的销售代表说：“我们就在这里坐一会儿吧。”最终当然会有人来将他们请出会议室，但在那之前，埃申巴赫琢磨着，为什么不留下来，假装完成自己的工作，然后看看会发生什么呢？

15 分钟后，埃申巴赫的主要联系人出现了。“你们要走了吗？”那人问。

埃申巴赫问他说他们能不能再坐一会儿，那人说可以。

又过了 15 分钟，联系人再次回来，问他们是否已经完事了。

埃申巴赫告诉我接下来发生了什么：“通常，我在谈判中有一条规则：先说话的人是输家。但在这个案例中，我们已经输了，所以我就对那个家伙说，‘我们能不能花几分钟好好谈谈？’”不管能不能达成交易，埃申巴赫都想知道问题的症结在哪里。那个人解释说不是价格的问题，事实上问题与价格无关，而是出在折扣的大小上。那家公司的人只是习惯了获得更大的折扣，这会让他们感觉自己“赢了”。VMware 不懂游戏规则，所以没有按套路来。

埃申巴赫听完之后，向对方解释了自己更喜欢如何安排交易，他说自己不喜欢打折，但很乐意提供更多产品。那个家伙听了之后，说会与自己的团队交流一下。过了一会儿，他回来说，交易成功了。

我喜欢这个故事的原因如下：

- **如果你被拒绝，一定要找出被拒绝的原因。**如果你不理解客户拒绝你的原因，就不可能改变他们的想法。而即使你不能因此扭转局势，至少也可以学到一些东西，这些东西下次将会对你有所帮助。

- **自尊心的影响比你想象的要大。**对一些买家来说，这真的就是一场比赛。客户希望感到自己做了一笔好交易，你要想办法让他们觉得“赢了”，同时你又能取得自己想要的结果。

- **没有什么能代替厚脸皮。**没有几个人会觉得在另一家公司的会议室里安营扎寨很舒服，尤其是一家刚刚让你颜面扫地的公司。但对对方百依百顺无济于事。当然，也别犯浑。你要坦然面对不舒服，你的很多交易成功与否可能都取决于这样的态度。

- **所有的好交易都死过 5 次。**大多数交易在最终达成之前，都会遭遇几次看起来毫无希望的状况。永远不要把“不”当作对方的最终决定，它通常仅意味着某些方面对客户不起作用。试着找出症结所在，它可能是合同中的某一法律条款，可能是付款的条件，也可能是别的什么原因。这些方面大多数都可以调整，甚至完全妥协。

见 解

潜在客户会一直询问你产品的路线图，以及他们能如何施加影响，他们甚至可能提出一些你无法满足的即时需求。让他们相信你将给予他们支持，的确很重要；但你也必须真正透明和坦诚地告诉他们，你能为他们做什么和不能做什么。若你过于自负或者不诚实，客户是会知道的。他们总是会遇到这种情况，知道这会导致什么样的后果。此时就是你失去客户信任的时候。

——帕克·哈里斯
Salesforce 公司

获得“同意”答复之后

最终成交的 3 个步骤

恭喜你！有一位客户决定让你试一试，你取得胜利，继续前进。但“同意”的答复只是完成交易的第一步，后面还有很多工作要做。以下是一些关键的后续步骤：

1 制订一份共同行动计划（Mutual Action Plan，MAP）

实际上，要制订两份计划：一份用于完成交易，另一份用于让客户启动并运行起来。

MAP 本质上是项目计划，在计划中你和你的客户是联合的伙伴。

第一份 MAP 的目标是完成交易。在客户答复“同意”时交易并没有完成，只有签订了合同、创建了采购订单之后，交易才算完成。一旦你获得了“同意”的答复，你就要弄清楚哪些部门必须签字，以及签字的顺序。谁是签字人？客户审查合同的流程是什么？你需要给他们提供什么？如果可以的话，你要向该客户的其他合作伙伴核实一下，看看这个流程通常是如何进行的，以及哪里可能会出现问题。

第二份 MAP 的重点，是让你未来的客户启动并在系统上运行。你可能认为这很简单，但是客户很容易分心，如果没有书面的路线图和双方的明确认可，实施过程可能会偏离方向。

如果客户在 MAP 的编订上拖拖拉拉，你可以通过找到一些重要的东西来刺激他们。可能他们已经承诺了他们的 CEO，将在假期到来之前推出一款新的面向用户的应用程序，而在这方面他们需要你的服务；或者他们收购了一家新公司，需要对其进行整合；又或者他们只是在最近的一次财报电话会议上表示，将在 Y 个季度里将成本降低 X%……不管是什么，把完成 MAP 编订的需要与这些更大的目标联系起来。

2 安排“效果演示”

通过这些演示向客户展示数据，以证明他们确实获得了你所承诺的用途。设置一些系统和流程来跟踪这些用途，然后每 6 ~ 12 个月安排一次效果演示会议。在 VMware，卡尔·埃申巴赫很喜欢做这些工作。“这些会议能让你们增强信任和巩固关系。”他说，“此外，你还能为下次的销售做好准备。”

3 让早期客户承诺“必备事项”

与早期客户签订的所有合同都至少应该包含以下一项内容，这些内容是你在以后的营销或融资时需要用到的，按照优先顺序，它们依次是：

- **参与一项案例研究或一条视频证明。**客户允许你把他们当作一个案例研究对象或一条视频素材，证明你的系统对他们多么有效。
- **3 ~ 5 次客户推荐电话。**客户要接听其他正考虑使用你的产品或服务的公司打来的电话。
- **3 ~ 5 次媒体或投资人电话。**客户要接听媒体机构或有意参与你公司后续融资的投资人打来的电话。

这些事情对你的好处是显而易见的：你需要一些感到满意的客户来为你的产品或服务的所有优点背书，他们可以帮助你吸引越来越多的客户，其中的回报远远超过你给他们的折扣。

首先很多客户对这些事情都已经习以为常，因为其他公司也会提出类似的要求；其次帮助你也符合他们的利益。如果他们喜欢你的工作，他们会希望你的公司能持续运营下去。你的客户越多，你的偿付能力就越强。有些创始人可能会犹豫，如果客户最终不喜欢这个产品怎么办？你可以向他们保证，如果他们不认可你的产品，你不会要求他们兑现承诺替你背书。

承诺一些“非自然行为”

如何确保早期客户获得成功或说全力以赴

麦金农在 Okta 建立了一套最佳做法，效果很好。一款新产品除非在至少 5 家公司得以成功运作，否则我们不会认为它可以全面推出。在最初的几个客户身上，你会发现产品本身以及实施过程中的各种问题。但愿它们都不是什么大问题，只是产品接受现实环境考验之前很难发现的中、小型缺陷。

不过你还是希望，尽管在使用中遇到一些小问题，你的早期客户也依然感到满意，对吧？毕竟，他们是可以帮你做推荐的客户。所以，对于前 5 位客户，你需要全力以赴，投入最多的人力、时间和创造力来解决任何问题，尽可能地让他们有最流畅的使用体验。这些工作被称为“非自然行为”，这是商业领域的一个前沿术语，指的是你为第一批用户所做的超出常规的努力。（与之相对，“自然行为”是你计划好的工作，不需要付出特别的努力。）

在 Okta 的创业早期，如果客户遇到产品缺陷，我们会让他们直接与程序员通电话，以便尽可能快地得到修复。很明显，一旦我们的产品成熟了，我们就不这么做了。拥有超过 1 万名客户之后，这种处理方式根本无法开展。（也没有必要。所谓成熟的产品，就是各种缺陷已经被发现并得以修复的产品。）尽管如此，我们每次推出新产品时，都还是遵循这一原则。只有 5 位客户完全实施并开始运行我们的产品，且我们已经解决了所有重要的问题之后，我们才认为这款产品做好了更广泛推广的准备。

我们早期非自然行为的另一个例子，是把客户支持电话直接转到我的私人号码上。我们起初没有多少客服团队，同时我也想确保自己能够对客户遇到的任何问题都了如指掌。很不幸，这个做法让我的妻子很不满。这当然是可以理解的。因为我们的一家早期客户在日本，他们在工作日频繁打来电话，而我这边刚好是半夜时分，铃声响个不停。这也是你决定创业时，需要你的配偶给予支持的又一个理由。

非自然行为会让你精疲力尽，并且长期来看是不可持续的。但这些做法比简单的客户服务重要得多，更像是产品研究和设计过程的最后阶段。你要为这些行为做好计划，以便在客户需要的时候，你有足够的人手和资源满足他们的需求。

如何招募和管理销售团队

从“三人原则”开始

如果你从来没有组建过一支专业的销售团队，那就向有经验的人寻求帮助，比如你的投资人或顾问。他们可以帮助你审阅候选人的简历，给出直觉的判断。在这个领域，犯错的代价可能比较高昂。以下是我在招募和激励销售人员方面学到的一些最重要的经验：

三人一组招募销售人员

销售人员天生好胜，每个人都想成为领头羊，从第一天起他们每个人就在为成为最好的那一个而努力。基于云端的会计和金融软件公司 Blackline（现已上市，估值超过 70 亿美元）的创始人特雷斯·塔克，给我讲述了她招聘的第一名销售人员的故事。这个人在应聘过程中表现非常出色（这并不奇怪，因为销售人员接受过销售培训），但进入公司之后，他从未真正带来过业务。她不得不解雇了他，并用另一名销售人员来取代，而这名新的销售人员转身又雇用了另外三个人。起初，她对这个团队的规模不大能接受，尤其是因为她完全靠自力更生，但很快她就看到了团队内部竞争的积极影响。

研究每位销售人员的流程

在创业初期，你不仅仅是在努力销售产品，而且是在打造内部流程，随后将这些流程标准化，以便几十甚至几百名销售代表都可以依赖这些流程。你的每一位早期销售代表都各有自己的做事方式，通过让几个人同时工作，你将能确定哪些方法效果好，哪些不好。

灵活设定目标

销售代表的工作有一些可以量化的指标或目标，比如销售额或预定的演示次数。确定合理的目标既是一门科学，又是一门艺术。销售代表应该在规定的时间内组织 5 次还是 25 次演示？他们每年应该实现的销售额是 50 万美元还是 150 万美元？他们需要花 3 个月或 6 个月来适应这份工作？在你的团队中，至少要有一名销售人员可以让你看到什么样的目标是真正可能实现的，并且你要去设立适当的目标。

给销售人员制订一些非销售事项的指标

在创业初期，你无法给你的团队制定销售指标，因为你还没有完成真正的交易。作为替代，可以给他们制定一些其他事项的指标，比如上门演示，然后是预定概念验证，再然后是承诺付费试用。这些指标的存续时间尽量短一些，例如是在接下来的 6 个月中使用它们而不是一整年都用。你的公司将快速发展，你也要相应快速地调整目标。

询问最近丢掉的交易

我喜欢让候选人告诉我，关于他们在过去几年中曾一直跟进但最终丢掉的一笔交易，以及他们从中学到了什么。如果他们说不记得任何事情，那几乎可以肯定是在撒谎。每个销售人员都会记得自己丢掉的重大业务，细节通常比成功的那些记得更清楚。而如果他们说自己没有丢掉任何交易，那肯定是在撒谎。

引入销售老手瞄准《财富》榜上的公司

如果你是在向《财富》1000 强或 2000 强公司销售，有一名曾经向这些公司销售过产品的人会有很大的帮助。具备这种经验的销售人员可以利用自己的人脉关系网，帮你与想要交流的高管对接上。他们还可以发现一些细节情况，比如，该公司是否有尚未公开的重大项目正在实施，而你的产品可能会对这些项目有用。这个人不一定需要是全职的，有很多已经退休或半退休的高管都乐意帮你做一些前期对接的工作，只要你给他们一些咨询费或一小部分股权。

第6章

文 化

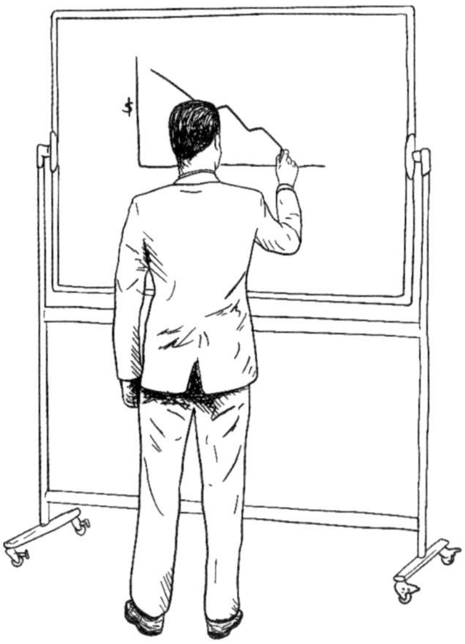

我和麦金农决定做一件我们以前从未做过的事：完全透明。

在可怕的2011年7月，Okta的情况变得越来越糟糕：一位最资深的开发人员告诉我们，他要离开了。这是一位关键员工，一位经验丰富的商业软件开发人员，负责管理我们的后端工程团队。他一离职，谣言就开始传播。因为我和麦金农正在努力让公司走上正轨，所以我们没有把公司的状况告诉团队。在缺乏信息的情况下，他们做了最坏的打算。实际情况与他们猜测的相差不远，如果我们不能找到摆脱困境的办法，公司就要倒闭了。

我和麦金农决定做一件我们以前从未做过的事：完全透明。我们将解释清楚现状，把数字展示在黑板上，详细说明问题，揭示窟窿的大小。没什么好损失的。初创公司的员工有一种不可思议的能力，他们能感觉到公司的“船”正在下沉。在他们开始大规模逃离之前，我们需要把他们关注的焦点拉到问题上来，并且一起解决问题。

在接下来的全员会议上，我们用一页幻灯片展示了我们辉煌的销售预测和灾难性的实际业绩。还记得我之前说过，我们2011年第二季度的销售额比预期低70%吗？想象一下，作为公司的一名员工，第一次看到这种差距时的感觉。你能听到一根针掉在地上的声音。恐惧是显而易见的。我们的员工们放弃了短期的收入（他们本可以从其他地方获得更高的工资），以换取我们的初创公司成功后的“Upside”[1]。现在，团队看到这些“Upside”正在消失。

不过，如果你把一个问题托付给聪明、积极、有创造力的人，会出现这样的情况：我们的销售和营销团队从销售渠道去寻找客户，以产生足够的收入帮助我们度过短暂的困难时期。与此同时，我们的工程和产品团队草拟了一份清单，列出了我们需要开发的产品功能，以便完成后续的交易。所有人都齐心协力地工作，一起修补这艘“小船”破损的地方。

当我们刚启动 Okta 的时候，我并没有怎么考虑过公司文化。我只是认为我们需要招聘聪明的人，向他们解释各自的职责，然后坐下来看他们创造奇迹。我不知道为什么文化问题不在我的考虑范围之内。我一生都在参与体育运动，很明显，一支球队表现的好坏很大程度上取决于教练：他们的行为方式、他们坚持的价值观、他们设定的基调。但这些都没有表现出来，直到我们陷入困境，必须依靠团队的能力来脱困之时。今天，我会告诉创始人们需要从一开始就思考文化问题。你们应该投入时间去考虑你们要提倡什么样的价值观，以及要强调什么样的工作方式。

“文化”是一个模糊的词，很多人都竭力想弄清楚它的真正含义。可以用这样一种方法来思考它：想象一下你自己成长的家庭，然后是3个你最亲密的童年朋友的家庭。每个家庭的经营方式可能都不一样，有些父母很严厉，有些很宽松；有些父母看重金钱，有些看重经历，有些看重学习，还有些看重成就。在一个家庭中不被允许的行为，在另一个家庭却可以被宽容甚至被鼓励。不同家庭的经营方式会影响你和你朋友的行为，即便你离开了家也依然会被影响。因此，即便是一群很亲密的朋友，也是有些人在家庭作业方面更自律，有些人则更喜欢社交；有些人课外会做兼职，有些人则加入了学校的所有球队。

当然，公司不是家庭，公司更像一支球队。但是，与家庭一样，一家公司的价值观最终决定了哪些行为值得称赞、哪些不被认可，对每位成员的期望是什么、他们各自要承担什么责任。你公司的文化将成为你所期望的员工的行为方式，尤其是员工在老板不在时的行为方式。当公司还很小的时候，尽早建立这种认知很关键。之后，随着公司的发展，公司文化将会自行传播。在公司一帆风顺时，建立公司的文化非常必要，因为面临困境时，它是拯救公司的关键所在。

你公司的文化将成为你所期望的员工的行为方式，尤其是员工在老板不在时的行为方式。

成功的公司，对文化的重视程度不低于对销售额和工程目标的关注（并使之成为绩效的中心）。文化不是一种事后才想起来打的补丁，也不是委托给人力资源部门来实施就可以的，它来自公司的最高层，并且需要最高层的持续培育和促进。

① Upside 是硅谷里的一种简称，指是你的股票期权价值增加时你将获得的收益金额。这些收益上涨的潜力吸引一些人放弃更安全的工作和更高的薪水。作为一名员工，如果你被授予以每股1美元的价格购买5 000股股票的期权，当股票价值增加到每股10美元时，你的 Upside（税前）为45 000美元（9美元 × 5 000=45 000美元）。

你公司的运营体系

设计核心价值观的注意事项

如今，大多数公司都会明确自己的核心价值观，它通常是公司所期望拥有的 3 ~ 6 项品质。你可以选择任何想要的品质作为自己的核心价值，但这些品质应该是一些原则，既能推动业务成果，又能为公司创造出你想要的环境。

但最重要的是，你和你的联合创始人必须做到言行一致。“不要写下任何你无法接受的东西。”奈飞公司的前首席人才官帕蒂·麦考德说。你的团队会看到你做了什么，而不是你在纸上写了什么。“如果你说‘诚信’是你公司的核心价值观之一，而公司的某位高管是个说谎者——在哪怕是最微不足道的一点小事上说了谎，你的员工都会因此变得消极失望。”她说，“他们远远地就能感觉得到。”

初创公司 Papa 是一家老年人护理公司，创始人阿尔弗雷多·巴蒙德（Alfredo Vaamonde）成立了一个五人委员会，有意识地跟踪公司的文化，就像跟踪销售和运营状况一样。该委员会由公司的两位联合创始人及另外三位正式成员组成。他们每月一次，随机挑选两名员工参加讨论。“我们探讨大家希望 Papa 未来成为什么样的公司，以及我们如何看待我们的文化发展。”巴蒙德说。

Papa 每个月都会表彰一项核心价值，以此来强化公司文化。例如，在一个关注“健康和健身”的月份里，他们给累计跑了 80 公里、名列公司第一的员工奖励了一只 Fitbit 健康智能手表。“每个月让大家谈论一项核心价值，让它不仅仅是贴在墙上的一个单词或短语，而是成为每个人的认知。”巴蒙德说。

要确保你营造了一种文化，让每个人在看到与公司核心价值观不一致的行为时，都能畅所欲言。VNDLY 是一个管理临时员工的平台，该公司的文化宣言（The VNDLY Way）在结尾处宣称：“VNDLY 的每名同事都有权质疑与我们价值观不一致的行为。”确实如此。该公司的创始人沙桑克·萨塞纳说：“我都记不清我在全员大会上或私下里被点名的次数了。这一点非常重要。”

⊕

Okta 的核心价值观

爱客户

创新不止

言行一致

透明

为员工赋能

朱莉娅·哈茨关于如何打造文化的 5 条经验

1 文化必须是活生生的东西。“我极其厌恶的一种做法就是：仅仅制作一本手册并把公司的价值观挂在墙上，然后就算完了。”她说。

2 不要把打造和维护价值观的工作扔给人力资源部门，其源头必须是创始人。

3 言行一致。作为创始人，你最根本的任务就是让公司活下去，并且每天都要塑造公司的价值观。“很多人偏离了轨道，他们希望自己的员工这样做，但自己却那样做。”朱莉娅·哈茨补充道。

4 因文化而聘用。在审查了候选人的技能和经验之后，你还要评估这个人的价值观、心态和行为模式是否与你的公司相一致。“我们不招混蛋。”朱莉娅·哈茨提醒道，“有破坏性的人很快就会被彻底清除出去。”

5 让文化属于你的员工。他们将在此基础上再接再厉，识别并处理他们发现的新问题，而无需你的参与。

文化如何拯救公司

Eventbrite 公司在“最佳职场调查”（Great Place to Work Survey）中获得了 90% 的喜爱度，该调查旨在评估职场人士对所工作的公司的喜爱程度。（美国公司的平均水平要低 30 多个百分点——仅仅 59%。）在 Eventbrite，超过 90% 的员工说他们相信“Briteling”（Eventbrite 对员工们的称呼）之间相互关心，同样比例的人说他们相信自己的高管诚实正派。这些都是惊人的数字，而且伴随着它们的是该公司出色的业绩表现。Eventbrite 成立于 2006 年，2018 年上市，目前估值约 20 亿美元。

这家公司的优秀文化并非偶然的产物，它是联合创始人朱莉娅·哈茨有意识地努力的结果。2009 年，她注意到与 Eventbrite 几乎同时成立的一些公司出现了内部问题。“有很多公司都曾经获得融资，并进行了扩张，然后又不得不回头修正自己的文化。”她说。Eventbrite 的成长速度要慢一些，它当时只有大约 30 名员工，仍然有时间来积极构建公司的文化，但时间也不多了。这家初创公司计划在下一年将规模扩大两倍。于是，朱莉娅·哈茨开始着手定义 Briteling 所要具备的个人品质，以确保公司在拥有 100 名、200 名甚至 1 000 名员工时依然能像它还是一家小公司时一样成功。

Briteling 当然需要创新精神，但也要乐于奉献，他们必须真诚、可信赖，同时，不仅在自己的工作岗位上出类拔萃，还能赋予别人力量。随着 Eventbrite 大举进行招聘，管理者对这些品质的审查就像对待专业技能和经验一样严格。

该公司做的另一件事是取消外部培训师，以“Brite 训练营”取而代之，员工可以自由地开设和管理自己的课程，讲授他们希望传授给同伴的任何知识。当公司员工超过 100 名后，朱莉娅·哈茨开始担心沟通的问题，于是她和联合创始人（也是她的丈夫）凯文·哈茨开始举办每周一次的面对面问答会（它被巧妙地命名为“心向哈茨”）。诸如此类的努力，营造了一种信任和透明的文化，使得公司在“最佳职场调查”中获得了高分。实际上，该公司在打造强大的公司文化方面非常成功，以至于发布该调查报告的“最佳职场协会”的主席最终为它工作，担任首席人事官（CPO）。

2020 年年初，Eventbrite 的文化面临了真正的考验。“在两周内，我们公司的月净收入从 3 000 万美元下降到了负 700 万美元。”朱莉娅·哈茨说，“情况比最糟糕还要糟糕。”此时，Eventbrite 在过去 10 年间建立起来的透明度和信任感，以及通过招募有抱负又敬业的员工而形成的“兑现承诺”的文化，得到了回报。在封锁开始后不到一周的时间里，一支 50 人的 Briteling 团队就制定了一项新策略。接下来的几周里，他们想到办法从当年的运营预算中削减了 1 亿美元，同时完成了新一轮的融资，使公司在未来 6 年中都不用为资金问题担心。

“当我回首往事时，我会感叹：‘我们是怎么做到的？’”朱莉娅·哈茨说，“我知道，我们花在员工身上的所有投资，都得到了 10 倍的回报。”

不要当牛仔，要当狂奔的牛群

作为一个团队去赢（和输）的价值

我的一位杰出的导师罗杰·古拉特（Roger Goulart），在 Salesforce 公司进行 IPO 期间担任其联盟（有时也称为“战略合作伙伴”）的第一任副总裁，当时我还是该公司的一名年轻高管。（后来他在 Okta 和另外两家软件公司进行 IPO 期间，也加入并担任副总裁。）古拉特曾反复强调一个观念，我把它也带到了 Okta：“我们是作为一个团队去赢得胜利，所以不要一个人独自失败。”简而言之就是，当你陷入困境时，要寻求帮助。

你在企业圈子里常常看到的“各人自扫门前雪”的文化，妨碍了上述观念的推广。没有人愿意示弱，因为害怕别人会用其来对付自己。但古拉特敦促我们换一种方式思考。“那些想成为牛仔、什么事情都自己亲力亲为的人，往往无法生存。”他说，“如果你想成为一名孤胆英雄，什么事都靠自己，那你就没有利用好团队的力量。”

初创公司要想获得成功，所有人都需要朝着同一个方向努力。但这个问题具有两面性：每个人都要在某些时候愿意与人合作，而在另一些时候愿意接受别人的帮助。

我在 Okta 树立了“一个团队”的理念，部分是出于对古拉特的敬意。它已经变成了一种战斗的号召，“一个团队！”我会在全员大会上这样说，会对走过大厅的同事们这样说，会写这样在通报赢得客户的电子邮件里。我说这些口号，不仅是为了提醒大家互相帮助，而且也是为了提醒他们在需要的时候寻求帮助。

颁发“滚珠轴承奖”

鼓励那些让工作顺利进行的人

我们在 Okta 推广“一个团队”理念的方法之一，是每季度颁发一次“滚珠轴承奖”。滚珠轴承是减少机器摩擦、使其运转顺畅的金属零件，每家公司都由许多“滚珠轴承”式的人组成。他们不是赢得上百万美元合同的明星销售人员，而是组织起团队以支持销售人员的项目经理；他们不是创造出非凡的软件设计的首席架构师，而是构建和维护服务器的技术运营工程师；他们不是想出巧妙的成本削减策略的 CFO，而是确保员工和供应商能按时拿到报酬的初级会计师。

在 Okta，我们不希望形成一种只关注最耀眼明星或最会引人注目者的文化。我们想要强调的是，理想的组织是一个实际上运转良好的组织。而只有每个人都照管好自己的那部分机器，组织才能运转良好。因此，每个季度，我们都会在全公司范围内向一批优秀的员工颁发“滚珠轴承奖”，这些员工都由他们各自所在的团队提名，并得到团队的鼓励。

奖励目标而非晋升

Canva 是一家基于云端的设计软件公司，由澳大利亚人梅拉妮·珀金斯创立，该公司信奉与“一个团队”相类似的精神。他们关注的是团队的胜利和里程碑式的成绩，而不是个人成就。“我认为很多公司经常犯错。”珀金斯说，“它们把关注点放在了头衔和晋升上。而我想确保我们公司是为实现目标而努力。”因此，当团队实现里程碑式的目标时，Canva 就会大肆庆祝。当 Canva 推出第一款付费产品时，他们以放飞鸽子来庆祝；推出第一个西班牙语版本时，他们举办了一场迷你版的西班牙番茄节（该节日以大规模、欢乐的番茄大战而著称）；推出安卓 App 时，他们打造了一条无人机障碍赛道，让员工检验自己的飞行技术；在启动另一个项目时，他们买了一堆希腊盘子，然后按照希腊的习俗，把它们摔到地上并大喊：“Opa！”“我们把对这个项目的希望和抱负写在盘子上，然后将它们摔碎。”珀金斯说。

“你要鼓励的是人们努力奋斗的目标。”她解释。如果你大肆鼓吹个人晋升，员工只会推动自己往上爬；如果你鼓励团队的成就，员工就会齐心协力。珀金斯说：“让目标和团队精神成为最显眼的部分，这种做法已经产生了巨大的文化影响，它会激励大家共同努力。”

提拔谁是公司文化的结果

“关于你公司的文化或核心价值观，你想怎么说都行，但实际上文化是基于你所奖励的行为。”Minted 公司的创始人玛丽安·纳菲茜说。换句话说就是：你招聘了谁、提拔了谁（以及解雇了谁），这些行为都会告诉你的团队公司真正看重的是什么。

Minted 中被挑选来担任高级领导的，都是对各自职能领域有全面了解的人士。“这就告诉我们的员工，我们的标准非常高。”纳菲茜说。他们还特别看重非常聪明、但不以自我为中心的人。她说：“我们讨厌那些非常聪明但自私傲慢的人。”在 Minted，决策是基于小组讨论和可靠数据而做出的，“而不是根据谁表现得最强势。”

纳菲茜的这种做法，灵感来自奈飞公司那份著名的“文化演示材料”。那是一份 125 页的幻灯片，部分内容由帕蒂·麦考德撰写，于 2009 年首次公布。[1]它阐述了很多革命性的想法，包括为员工提供无限制休假的做法。麦考德告诉我，在本世纪初期由于大规模欺诈行为被曝光而轰然倒塌的能源巨头安然公司（Enron），其企业价值观之一是“诚实正直”，显然，那些晋升到该公司高层的管理者并没有遵循这种价值观。而公司的其他成员肯定也注意到了这一点，于是纷纷效仿。

[1] 帕蒂·麦考德在《奈飞文化手册》（*Powerful: Building a Culture of Freedom and Responsibility*）中对这份幻灯片文件进行了深度解读。该书中文简体字版已由湛庐引进，浙江教育出版社 2018 年出版。——编者注

从一开始就融入社会影响

这是一个好策略，也是正确的做法

Okta 上市时，我们推出了一项不同寻常的举措：为我们的慈善机构“Okta 公益”（Okta for Good）预留了 30 万股股票。为此，我们不得不增发新股，这（稍微）稀释了所有人在 IPO 中购买的股票的价值。此举作为公开发行的一部分，向华尔街发出了一个信号，表明他们要参与认购的是一家什么样的公司——致力于创造社会影响和股东财富。我们希望给慈善组织提供股票，而不是按惯例捐赠现金，因为这意味着随着公司的成长，Okta 公益所持有股票的价值也会增长。

这不是我们第一次尝试做慈善。2012 年，当我们刚刚从 2011 年的困境中解脱出来时，我们就告诉董事会，希望留出一些 Okta 的股份给“旧金山捐赠”（SF Gives）——一个旨在消除贫困的技术社区倡议计划。

我们的董事会起初对这个想法嗤之以鼻，并告诉我们应该集中精力赚钱。那不是一次轻松的谈话，但我和麦金农坚持了我们的立场。其他数十家总部设在旧金山的重要公司也在“旧金山捐赠”誓约书上签了字，该倡议计划对旧金山的扶贫工作产生了实实在在的影响。我们很自豪能够成为回馈我们社区的团体的一员。

经营一家初创公司是如此困难，以至于很容易忘记自己周围的世界。但是，与其他所有的公司一样，技术公司也是社区的一员。在我们这个行业和我们所处的地区（北加利福尼亚）里，贫富之间的鸿沟正在变得越来越大。在本书的开头部分，我解释了我想分享这些内部知识的原因之一，是我们经济的未来取决于创业者，他们创造的就业机会比其他任何行业都多。但创造就业机会并不是帮助我们社区的唯一途径，我们还可以分享财富（也就是我们公司的股权），这样，只要我们成功了，我们的邻居就也会成功。

你可能正处于创业旅程的起点，处在自力更生的阶段，几乎没有钱去租房子，更不用说拿出多余的现金了；但是，为未来几年制订一个社会影响计划还是值得的。如果你足够幸运能获得成功，你希望在哪些方面产生影响？你的公司会关注什么问题？是什么原因让它参与其中？然后，考虑如何分配你的一部分股份来实现这些目标。

这既是一件正确的事情，也是很聪明的做法。越来越多的员工希望在一家不仅只关心赚钱的公司工作。成为一家关心社会影响的公司，不仅有助于你回馈社区，还能帮助你吸引并留住最优秀的人才。

成长型思维模式 VS. 固定型思维模式

先招聘第一类人，再招聘第二类人

斯坦福大学心理学教授卡罗尔·德韦克（Carol Dweck）在2006年出版的《终身成长》（*Mindset*）一书中，讲述了她对“固定型思维模式”和“成长型思维模式”的开创性研究。具有固定型思维模式的人认为天赋和能力是静态的，你要么拥有，要么缺乏；具有成长型思维模式的人则相信，这些特质都是可以提高和习得的。

德韦克发现，你的思维模式会直接影响你在任何特定领域的表现。固定型思维模式的人更关心的是把事情做好、做对，他们会因为害怕失败而不让自己走出舒适圈。当遇到障碍时，他们倾向于退出，并且喜欢回避负面反馈，他们甚至觉得别人的成功是一种威胁。

与之相对，成长型思维模式的人更有可能尝试新事物，并将障碍视为需要解决和克服的挑战。面对挫折，他们更有可能坚持下去；他们付出更多的努力，从批评中学习，并且会因别人的成功而受到鼓舞。

在创业初期，你需要招聘具有成长型思维模式的人。针对这一点设计一些招聘问题或测试题，这样你就能将具有固定型思维模式的人剔除出去。在没有规则手册或既定路线图的情况下，具有固定型思维模式的员工不会茁壮成长。更糟糕的是，他们的不适会拖累其他人或引起敌意。之后，当公司规模变大了，设计出了好产品，安排好了运营，仅仅是需要有人来管理这些已经打造好的业务时，招聘具有固定型思维模式的员工就可以，只要他们扮演的是比起创新和想象力更需要一致性和执行力的角色。

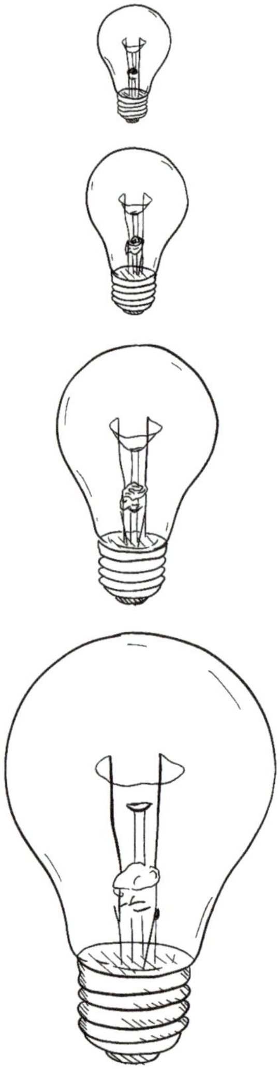

公开指出不当行为

但不要羞辱任何人

文化不仅仅是你所说的话，更是你和你的团队每天的所做所为。你知道那句常被认为是亚里士多德所说而被引用的话："我们重复做什么，我们就是什么。因此，卓越不是一种行为，而是一种习惯。"[1]这就是文化：每天都在发生并不断得到强化的东西。

当看到一个团队成员行为与公司的文化相悖时，你必须要迅速将其扼杀在萌芽状态，以免它变成习惯在公司内部蔓延。在负面文化扎根之后，要想将情况扭转几乎是不可能的。我敢肯定，你能想到一些知名的科技公司，它们的"毒文化"广为人知，现在正试图回到正轨。虽然可能更换了 CEO，或者制定了新的战略，但它们仍然面临着漫长而坎坷的旅程，需要数年的时间才能完成转变。

阻止不当行为是一项精细的工作，需要巧妙地处理，因为你想让大家注意的是行为而不是人。（至少不要公开处理，个人绩效问题始终应私下解决。）早期，当我看到一些事情朝着错误的方向发展时，我习惯于在全员大会上说出来。有一次，我看到一名经理对同事大吼大叫，因此在公司会议上，我说起了大吼大叫这个问题，并明确表示这绝不能是 Okta 的行为方式。团队认识到了这一点。（我也私下与当事人谈过。）

在有些情况下，我甚至会让自己成为坏人。我们遇到过这样的情况：来自不同部门的两名领导者沟通不畅，导致我们的路线图大幅偏离目标。因此，我在一次公司会议上站起来发言，谈起自己在沟通方面的失策、为什么这是一个问题，以及我应该采取哪些不同的做法。同样，每个人都认识到了问题，但并没有人感到尴尬。

[1] 为准确起见，我要指出这句话最早出现在美国历史学家威尔·杜兰特（Will Durant）的一本书里，他对亚里士多德的"原话"进行了阐释："人之所以具有这些美德，是因为他做了这些事。"（*The Story of Philosophy : The Lives and Opinions of the Greater Philosophers, New York: Simon&Schustrp-1962*）

要有侵略性，但不要无礼

竞争对手会找上门来，做好战斗准备

你将会面临竞争，虽然不一定是马上。也许你比其他人更早起步，但如果你的创意好，你不会孤单很久。最终，你会为了争夺客户而战。当这种情况发生时，你需要已做好战斗的准备。

乔希·詹姆斯是犹他州的一位创业者，他创立了在线营销和网站分析公司 Omniture，该公司成功上市并被卖给 Adobe 后，他又创立了商业智能软件公司 Domo，目前该公司估值近 30 亿美元。在 Omniture 的早期阶段，詹姆斯有两个主要竞争对手：WebSideStory 公司和 Coremetrics 公司。2007 年，Omniture 收购了 WebSideStory（当时更名为 Visual Sciences）。詹姆斯对该公司的客户比对它的技术更感兴趣，这次收购使 Omniture 在市场中占据了更大的份额。

Omniture 的另一个竞争对手 Coremetrics 公司的销售人员开始给 WebSideStory 的所有客户打电话，说如果他们更换服务商而不是继续与 Omniture 合作，就向他们提供一整年的免费服务。想象一下，当詹姆斯得知这个消息时会做何反应。此外，Coremetrics 还在 Omniture 总部附近的高速公路旁竖起一块巨型广告牌，上面写道："仅仅因为大猩猩（指 Omniture）告诉你该吃什么，并不意味着你就得吃什么。"詹姆斯的电话开始不停地响，"我接到了太多投资人的电话，他们告诉我，我们获得的所有新客户（这正是我们收购 WebSideStory 的理由）正在流失。"

詹姆斯是一名斗士。第二天，他在Coremetrics公司的停车场上竖起了一块滚动广告牌，上面展示着所有从Coremetrics转向Omniture的客户的巨大Logo。“最后一位是一家大型家装零售商，当天刚刚与我们签约，Coremetrics甚至还不知道这件事。”詹姆斯说。他还雇人穿上猩猩服装，在Coremetrics的员工上班时给他们分发袋装香蕉片，袋子上写着：来加入这只重达360公斤的大猩猩吧，就像其他公司那样。詹姆斯说：“对某些人来说，这种做法有点侵略性。但这是一个弱肉强食的世界，我必须活下去。”

詹姆斯有两点是对的：第一，他这个引人注目的行为绝对极具侵略性；第二，他说得没错，这是一个竞争非常激烈的世界。如果做生意不是零和博弈就好了，但有时它的确是一场零和博弈。在詹姆斯的案例中，要么是他与那家家装零售商签约并获得这笔收入，要么是他的竞争对手这么做。

你不一定要采取这种攻击性的方式，最好的方式是保持真实的自己。但你确实需要找到自己内心的斗志，并准备好竭尽全力为客户而战。在法律和道德允许的范围内，无论采取什么手段，都要确保自己能赢得最终的胜利。

正确处理风险

鼓励冒险的艺术和科学

本质上，创业就是冒险的行为。创业公司要战胜资金更雄厚、地位更稳固的大企业，它们要颠覆某些行业。这一切不会因按照屡试不爽的既有方法行事而发生，唯有投身于未知的世界，它们才能实现。

创始人不是唯一需要适应不确定性的人，在最初的几年里，你公司里的每个人都必须准备好承担风险。不仅是最初的下定决心加入你这家未经考验的初创公司的风险，他们还要乐于承担工作中的风险，尤其是当你还在思考产品是什么以及商业模式应该如何运作的时候。如果你公司的文化不鼓励承担适当的风险，比如，尝试未经验证的功能、创新的营销策略或非常规的定价理念，那么你就永远不会在既定的短时间内成长 10 倍。以下 6 种做法可以帮助你成功打造一种冒险的文化：

1 **招募具有创业心态的员工**（至少前 100 名员工如此）。如果说前 10 名员工定义了一家公司的文化，那么接下来的 90 名员工则会巩固这种文化。当然，公司的规模越大，你就越会引进心理上更保守的人。但这前 100 名员工所创造的文化，在你的员工增至 500 名、1 000 名甚至更多的时候仍将继续存在。第一批员工越具有创业精神，这种精神就越能融入公司文化。

2 **让你的团队知道，你了解这一项目存在风险。**有一年，Minted 推出了一项与个性化手袋相关的新业务。玛丽安·纳菲茜说："我告诉团队，我不知道这项业务是否会成功，但我们要尽情享受其中的乐趣。"她的员工满怀信心地处理好了业务，因为他们知道即便是老板也了解这个项目可能达不到她的期望，这给了他们勇气去做事。"没人会说：'哦！我的天，我们不得不做到完美。所以我不想待在这个团队里。'"

3 **让它变得有趣。**“有趣”是指好玩、开放和冒险等。研究表明，一个人越是抱着好玩的心态去做事，取得的创造性突破就会越多。当你让员工去尝试一些新事物时，你强调的是探索和发现，而不是产生某个特定的结果。

4 **不要“惩罚”项目失败的员工。**失败会受到惩罚，这种文化会让创始人的工作更难做。出于自我保护这一合理的考虑，人们会开始隐瞒坏消息。如果一个团队在某件事上失败了，“不要对他们过于严厉。”Box公司的阿伦·利维说。要注意你下一步将交给他们的项目。让“失败”的团队去负责停滞不前的项目会发出一个危险的信号，“员工开始觉得，他们应该只做那些高调的、低风险的、能保证成功的项目。”利维说。然后，随着时间的推移，“公司会放弃那些真正有创新的、有趣的事情。”

5 **设置护栏。**你和团队所承担的风险要适度，项目的规模要与个人或团队的经验相匹配。在他们能爬上自家附近的小山丘之前，不要让他们去攀登珠穆朗玛峰。要针对项目的规模、预算和（或）时间表设立护栏，为他们设定报告进展和发现的节点，并确定在何种情况下应叫停该项目。

6 **做事后分析，庆祝学到的东西。**只有在你的团队研究了什么可行、什么不可行，并且提炼出可供公司其他员工借鉴的见解之后，一个“失败”的项目才算结束。然后，开香槟庆祝。——这就是塞巴斯蒂安·特伦在创立 Udacity 公司和 Kittyhawk 公司之前，在谷歌 X 时的做法。“我们一直想告诉大家，失败就是学习。如果你学到的东西给了你重要的洞察力，那就太棒了。”他说。

第7章

领导力

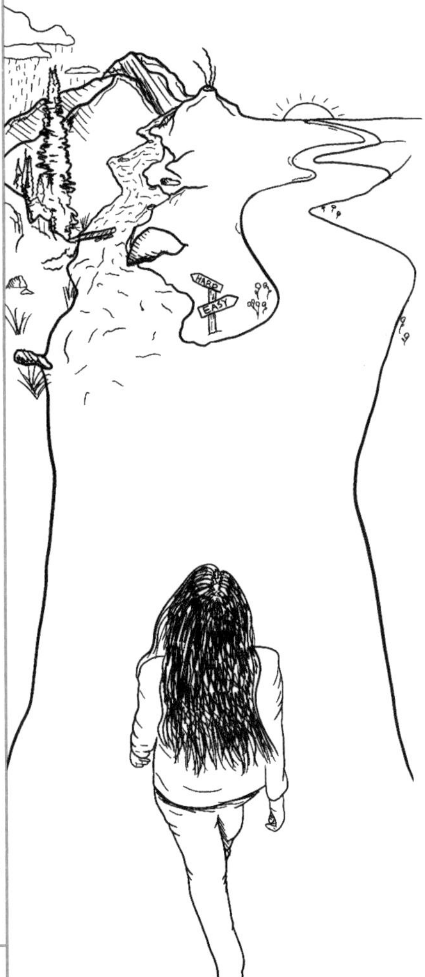

2011年，我们仍然未能完成销售预期，但我们获得了一根令人惊讶的救命稻草：一家《财富》500强企业提出要购买我们的软件。这将是一笔数百万美元的交易，规模几乎是之前任何合同的100倍。而且这笔交易到来的时候，公司的破产似乎就在眼前。那是最好的时机。

或者最坏的时机——取决于你怎么看。

未来的客户希望我们对产品进行定制开发，以满足他们非常特殊的需求。我们的解决方案原本可以被任何客户使用，而定制之后就只适用于一家公司了。这与我们的商业模式背道而驰，我们希望打造一款可供大量客户使用的产品。

Okta有大约30名员工，他们的生计掌握在我们手中。如果我们找不到前进的道路，所有人都可能失去工作。

如果是你，你会怎么做？即使意味着放弃梦想，也要完成这笔交易来拯救公司？还是冒着彻底失去公司的风险，坚持最初的愿景？

我和麦金农决定坚持，这是我们做过的最艰难的决定之一。我们没有兴趣成为一家专业服务公司，去为单个客户打造定制软件。从长远来看，这种商业模式实际上风险更大，因为你总是要不断寻找新客户，而我们最初的创意，是做一个订阅模式的平台，如果能实现的话，它会更具有可持续性。虽然董事们像我们一样担心公司的未来，但他们仍然支持我们的观点，给我们开了绿灯，拒绝了那份合同。

幸运的是，我们的决定获得了成功。我们最终将软件卖给了大量的企业，销售金额远远超过了那家公司的合同额。不过，在当时那一刻，我们是遭遇到了考验。

身为一名领导者，意味着你会不断被扔进火里。你必须一直在仅能获得少量所需信息的情况下进行决策。当冲突像渗水一样在你公司内部发生时，你必须迅速将其解决，这样问题才不会扩大。你必须学会与各种各样的人交流，并且是以一种最适合他们而不是最适合你的方式。

公司的命运取决于你的领导方式。如果你在学校里参加过体育运动，你就知道一名优秀的教练能带来什么样的影响、一名糟糕的教练会造成什么样的伤害。优秀的教练，其管理球队的方式会让每个人都能获得成功，而糟糕的教练，他们糟糕的形式多种多样：有些行事混乱，毫无组织性；有些只关注技能或比赛，而不是建立信心或凝聚力；有些就是爱吹牛的混蛋，他们更关心的是掩饰错误，而不是团结大家；即使一名教练真的不错，但不愿意提出一些强硬的要求，也会让他的球队失败。

有很多关于领导力的优秀著作，我个人喜欢那些讲述一名领导者职业生涯轨迹的书籍，比如迪士尼的首脑鲍勃·伊格尔（Bob Iger）的《一生的旅程》（*The Ride of a Lifetime*）或者布赖斯·霍夫曼（Bryce Hoffman）的《统一行动》[1]（*American Icon*），后者讲的是艾伦·穆拉利（Alan Mullaly）努力让福特汽车扭亏为盈的故事。[当然，我也是本·霍洛维茨的《创业维艰》（*The Hard Thing about Hard Things*）一书的拥趸。这本书基本上是硅谷创业者的必读书。] 在本章中，还包含了其他初创公司创始人认为有用的一些关键性的战术建议。

作为初创公司的领导者，具有讽刺意味的是，你必须相信两件看似矛盾的事情。你需要足够的自负，相信最不可能的事（一家初创公司增长10倍）也在你的掌控之中；但与此同时，你必须时刻保持谦虚。你必须给他人权力和责任，这样公司才能发展。你必须将自己的需求放到有利于员工的需求之后。最重要的是，你需要学会倾听，倾听你的同事、客户、投资人和顾问，这样你才能收集尽可能多的真知灼见来做出伟大的决定。两者之间是一个微妙的平衡。

身为一名领导者，意味着你会不断被扔进火里。你必须一直在仅能获得少量所需信息的情况下进行决策。

[1] 布赖斯·霍夫曼是红队思维公司总裁，自1998年起开始撰写美国和世界各地汽车产业的相关报道，曾多次获得新闻界知名奖项。《统一行动》一书的中文简体字版已由湛庐引进，中国纺织出版社2021年出版。霍夫曼的另一本著作《打胜仗的策略》则为企业提供了红队策略这一战略计划，帮助企业在困难中看到隐藏的机遇。该书的中文简体字版也已由湛庐引进，天津科学技术出版社2020年出版。——编者注

“优先”的基础知识

来自德怀特·艾森豪威尔的一点小帮助

我在 Salesforce 时的同事、祖睿公司的创始人左霆给我讲过一个故事。他说他的一位朋友在一家“《财富》500 强”企业工作，之后跳槽到了一家初创公司。在前一家企业的时候，那位朋友管理着一大批人，每天要追踪 50 件不同的“首要”事项。“但现在我在一家初创公司。”他对左霆说，“我知道我不能把这 50 件事都做完。”所以他把清单缩减到 10 件最重要的事。很快，他发现仅仅是推进这 10 件事也超出了他的能力范围。他意识到自己的精力只够专注于两件事，仅仅两件。“放下第 3 ~ 10 件事是最难的。”他说，“因为我知道那些事情会陷入停顿。”系统会崩溃，客户会抓狂。“但这就是创业的本质。”他说，“你必须专注于那些能让你从 A 点直接到达 B 点的事情。”

左霆的朋友说得对。在一家初创公司里，有太多的事情等着你，你很容易分心。而如果你分心了，你的员工也会分心，那么公司就会螺旋下降。所以你需要“将首要的事情放在首位”。在确定优先事项时要冷酷无情，以下是我用来明确自己的优先事项的一些原则和做法：

- **使用艾森豪威尔决策矩阵（见图 7–1）。**这个决策矩阵有不同的名称，但它的由来可以追溯到德怀特·艾森豪威尔，他是二战期间美国在欧洲的最高将领（在他成为第 24 任美国总统之前）。艾森豪威尔知道在压力下做决策意味着什么。他的体系很简单：
    - 既不重要也不紧急的事情？放弃。
    - 不重要但很紧急的事情？交给别人。
    - 重要但不紧急的事情？安排到以后。
    - 既重要又紧急的事情？这就是你关注的领域，是“首要的事情”。对此，你要做出决策，或者至少开始行动。

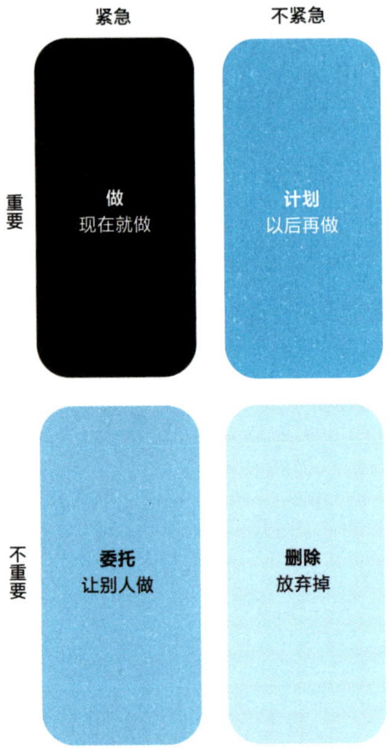

图 7–1　艾森豪威尔决策矩阵

- **制订一份动态的待办事务清单。**我使用印象笔记（Evernote）和Notion两款软件，并在所有设备（计算机、手机和平板电脑）上保持同步。我每天要修改我的清单好几次，因为所有事项都在不断变化。其他同样好用的工具还包括Box Notes、Dropbox's Paper和Google Keep等。

- **对日程要吝啬——非常吝啬。**质疑每一个会议请求，问问自己：是否真的需要开这个会？如果是，我是否需要参与？如果是，真的需要开60分钟，还是可以在30分钟内解决所有问题？要特别警惕一些定期会议，大多数这类会议可能并不需要你参加。（每隔30或45天，我会查看自己的日程安排，删除所有其他人让我加入的新的定期会议，然后等着看有多少人在注意到我没有参会之后再次给我发会议邀请。剧透提示：非常少。）

- **控制你的电子邮件，不要让它控制你。**电子邮件是别人希望你做的事情，你可以忽略大多数电子邮件，因为它们很多都只是"供参考"（FYI）的消息。如果你已经聘用了一些优秀的员工，你就不需要现场解说式的信息。Frontier Communications公司的前CEO玛吉·怀尔德特告诉我，她会删除所有包含2名以上收件人，以及所有抄送给她的电子邮件。"然后，剩下的就是真正关键的事情，抑或需要我推进或调整方向的决定。"她说，"除此之外的工作，我相信我的员工能完成。"另一种策略是我的做法：在日程表上留出2个小时给电子邮件，早上一小时，下午或晚上一小时。通常，当我抽出时间去处理收件箱中的那些"紧急事务"时，它们已经被解决了。

- **让你的员工保持专注。**你的团队会找到你，开始谈论5件不同的事情。让他们自己决定最重要的两件事是什么，然后谈论这两件事。当我的团队开始跑题时，我会把他们拉回来，并问他们："首要的事情是什么？"

放弃"一对一"

大多数管理者会定期与他们的直接下属召开汇报会议（通常称为"一对一会谈"，简称"一对一"）。但祖睿公司的左霆表示，他不会这样做，永远不会。让我重复一遍：一家估值30亿美元的公司的创始人及CEO，不会与他的高管们进行一对一的例会。

左霆估计，这样的会议很容易就能消耗掉他一周80%的时间，他认为这种会议对任何人的时间来说都不是最合理的利用。"我只是告诉我的高管们：'如果你需要我，就打电话给我；如果我需要你，我会打电话给你。'"他说。这很有道理。如果你聘用了优秀的员工，为什么不相信他们能出色地管理团队呢？此外，左霆说他的方法实际上使祖睿的工作效率更高。一对一的系统最终将形成他所说的"中心辐射"式的问题解决方法，"所有事情都会堆到你面前，而不是由你的各级领导者自行处理。"左霆说。

告诉所有人保持简洁

与高管沟通的“TL；DR”（太长，读不下去）方法

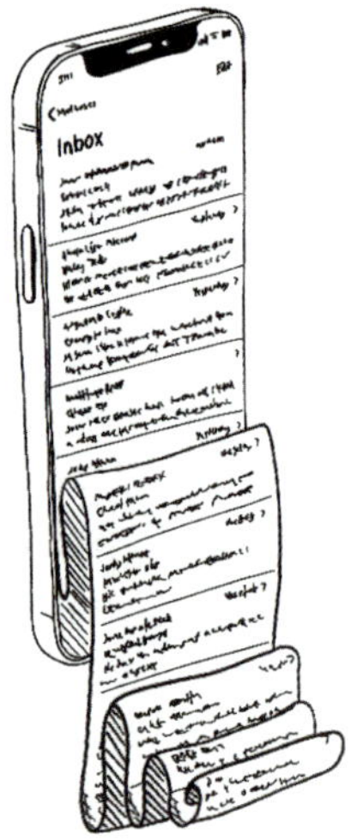

你能做的最有价值的事情之一，就是指导你的团队在沟通中保持简短和专一。我从来不看冗长、晦涩的电子邮件，我没有时间。作为替代，我将它们标记出来，留待下一趟跨国飞行，那时我有几个小时不受干扰的时间——不用说，那通常是几周之后的事情。我并不想成为一个混蛋，但是我每天的时间都不够用，所有高管都是如此。我只在简短的间隙时间中查看电子邮件，我快速浏览邮件的标题，寻找明确清晰的“请求”，一旦我看到我就行动，否则信息将会被埋没。

以下是我指导我的团队进行有效沟通的方法。

电子邮件

电子邮件是现代的备忘录，它们应该遵循一个标准的结构。

- 主题：准确说出你需要从高管那里得到什么。如果只是供参考（FYI），请给它加个标签，如“FYI only——XXX 会议的结果”。如果它是一系列电子邮件中的第 5 封，主题类似于“回复：回复：回复：回复：周四的会议”，请重新写一个主题，这样可以引起高管的注意。
- 电子邮件的第一句话：提出你的要求，让收件人清楚地了解你需要他们做什么，如“请批准 X 项目的费用”“请对 Y 项目的预算提案发表意见”。
- 列出 2 ~ 4 个要点，详细说明高管需要知道的关键信息。
- 末尾：加一句大意为“如果你需要深入了解，我在下文提供了更多细节，并附上了 XX 文件”的话。
- 在此之后，可以自由发挥一些。

演示

员工需要上级就某件事做决定时，通常会给上级进行演示，这些演示应该是会议的焦点。将首要的内容放在首位：

- 演示幻灯片每一页的标题应该是内容要点的陈述性摘要。高管可以只看该标题而不用看其他内容，就能理解演示者想要传达的信息。

- 演示者应该确保会议按计划进行。与会者可以在一些无关紧要的问题上钻牛角尖，但演示者应该告诉对方该问题稍后再说，然后将焦点拉回到主要问题上来。

会议 / 电话会议

我的团队成员经常让我去参加他们的会议或电话会议。例如，客户经理定期需要我与他们的客户进行交流、投资者关系团队中的某人想让我与某家机构的股东谈谈等。请求我参加会议的那个人，需要让我为会议做好充分的准备，否则到时候情况会比我根本没有出席更糟糕。

在 Okta，我有一大堆模板，我的团队用这些模板来替我为各种不同类型的电话会议或线下会议做准备。这些表格会基于会议的性质，要求组织者提供相关信息。对于客户电话会议，模板要求的信息包括：Okta 是怎样被介绍给客户的、客户公司有多少员工、客户公司的年收入是多少、我们需要从会议中获得什么，以及需要我传达的信息要点。我的团队知道，他们需要提前填写好这些内容，这样我就可以加快进度。（你公司的每位高管都应该准备自己的模板，并培训各自的团队使用这些模板。）

拜访客户时，我会带着这些准备好的文件，我甚至会把这些文件直接放在我面前的桌子上，这样我就可以快速回答客户可能提出的任何问题。这样做还有另一个目的：客户经常会注意到这些文件并询问它们是什么。我会解释说这些笔记概括了他们公司的需求，以及我们对他们需求的理解。通常情况下，客户会要求查看这些文件。如果我们的评估最终偏离了目标，客户会告诉我们。这是好事，因为我们立刻就可以切入会议的目的，即弄清楚客户想要什么，以及我们可以如何为他们提供帮助。

“在缺少信息时做决策”的基础知识

因为你总是在盲目前行

作为一名创始人，你要面对的一个严峻现实是：你有时要在数据很少的情况下做出重要的决策。人们通常认为最高层的人掌握了所有的信息，但事实并非如此。高层的人们可能比大多数人掌握有更多的信息（或者，我喜欢将其称为“‘缺陷较少’的信息”），但通常也只是全部应获得信息的一小部分。这不仅是因为你的快节奏让你很难收集到所有必要的信息，也因为有很多信息人们不会提供给最高层领导。（尤其是在事情进展不顺的时候，没有人想告诉老板坏消息。）

但你必须做出决策。要记住：你的资金连着一根导火索，所以你不能等。更糟糕的是，事情永远不会变得更容易。如果你打了足够多效果不错的销售电话，猜猜结果会怎么样？你继续做生意！而生意数量越大，决策就越复杂，风险也越高。那么，如何才能在信息不完备的情况下很好地做出重要决策呢？以下是一些经验法则：

当心落入模式识别的陷阱

这通常是公司陷入困境的一个重要原因。作为公司的 CEO，你只有为数不多的数据点可以参考，但你还记得很久以前有过类似的情况，你觉得既然你上一次的决策奏效了，那现在就做同样的决策吧。这样做对吗？错！你现在所处的环境可能与以前大不相同。公司可能大得多了（或小得多），现在可用的资源可能与以前的不一样，你期待的具体结果可能有所不同，诸如此类。当然，可以参考上一次的情况，吸取经验教训，但不要完全依赖它。

与前线保持联系

你的客户代表或销售人员最接近客户，他们最了解客户的需求是什么，以及其需求是如何变化的。大家可以参考玛吉·怀尔德特的“狮子狩猎”行动（这一技巧后面我们将详细介绍），或者开发一套自己的执行方案，但要确保沟通渠道畅通。

招聘其他有能力做决策的高管

我有一块试金石，用来检验自己是否在实践这一条法则：当我出差回来，走进办公室的时候，如果我的办公桌前有一队人在等待我的回复或决策，我就知道情况不妙了。出现这种情况，要么是因为我在下达指令方面做得不好（因此大家没有获得他们需要的数据），要么是因为我招错了人（招了一些没有决策能力的人）。不管是哪种情况，都清楚地表明有些事情需要马上做出调整。

鼓励团队向你展示他们放弃的方案

这一条是我从麦金农那里学来的。通常情况下，如果你的一名下属告诉你他们已经决定朝着某个特定的方向前进，或者决定实施某个特定的项目时，他只是告诉你这个决定本身。他们不会给你介绍他们曾考虑过的其他方案，也不会解释为什么放弃那些方案。但你需要鼓励他们这么做，因为你比他们掌握更多的全局信息。你知道还有哪些正在推动的优先事项，哪些正在酝酿的合作或收购，以及哪些正在实施的新招聘或组织变革。更完整的信息，让你能更彻底地评估所有可能的方向，并确保被提交到你面前的是正确的选择。

你不需要克隆自己

但你确实需要摆脱自己

我非常喜欢让我的团队成员设定他们自己的目标。你有公司的路线图，对吧？所以，让你的直接下属决定他们下一季度的目标。如果你聘用了合适的人——聪明、有抱负且积极进取的人，他们设定的目标通常会比你设定的更具挑战性。而且，由于目标是自己提出来的，他们通常会更加努力地去实现它。即使没有完全实现目标，比如只完成了 95%，结果仍然会比你给他们下达军令的情况更好。

当然，你要审查他们设定的目标，确保它们与公司的发展方向一致。但之后就让他们自己按照目标去努力，除了定期检查，不要妨碍他们。对我的团队，我是每 2 ~ 4 周检查一次，我让团队成员自己主导这些会议，并制订议程。如果我有什么需要掌握的信息（比如员工人数。我们一直在招聘，我需要确保我的团队处在正轨上。），我会提前通知他们，让他们做好准备；此外，就由他们决定要讨论的内容。

这就是你在不克隆自己的情况下分享领导力的最终方式。公司越大，你个人越需要承担更多、更高层次的工作，这意味着你需要不断摆脱那些低级别的职责。我赋予员工的自主权越多，他们就会成长得越快，能承担的也就越多。这样一来，需要我做的事情变少了，我就可以解放出来，专注于公司最重要的一些战略举措。这才是我的最终目标。

见解

作为创始人，有很多事情你看到后都会忍不住想亲自出手，你心里想着："我能搞定。我完全可以帮忙。让我参与进来。我了解这事，让我来告诉你。"随着时间的推移，你会发现这种做法与打造自主和授权的文化、让员工可以真正在一块业务领域内做主背道而驰。我的目标应该是在我可以提供独特观点的领域中做出贡献。但是在这样做的同时，不要剥夺那些工作出色的人在这个领域的权力。

——阿伦·利维 Box 公司

微型团队的最大产出

为了做大，你可能不得不从小开始

塞巴斯蒂安·特伦是自治权的支持者。他是 Udacity 公司的联合创始人，最近还创立了 Kittyhawk 公司，开始打造飞行汽车。他在自己的公司内部，围绕着自主权、授权和信任、责任等原则设立了一些"微型公司"。"我没那么聪明。"他说，"我不可能做所有的决策。"特伦设立的每一个微型公司规模都不大，人数不超过一辆面包车或公共汽车能容纳的范围。他给它们设定了目标和节点，"然后我基本上就走开了，"他说，"我的主要工作是激励大家和清除障碍，没别的。"

2019 年，梅拉妮·珀金斯在她的公司 Canva 采取了类似的做法。当公司员工超过 800 名时，珀金斯开始感到难以管理，于是她将公司分成 17 个小组，并戏称它们为"微型初创公司"。每个小组都负责 Canva 的一个目标行业，她期望它们能像真正的初创公司那样运作。每个小组都拟定了自己的推销材料，概述了自己的愿景和战略。它们获得了公关方面的支持，并管理自己员工的入职事宜。"我不必把所有的愿景和细节都记在脑子里，而是让每个小组成为自己愿景的主人。"珀金斯解释说，"我不再需要搞清楚每一枚棋子的位置，以及如何移动它们。"

这种做法也有助于化解一些拖慢公司发展的钩心斗角。"大多数公司的做法，就好像它们只有固定数量的蛋糕（权力和晋升机会）一样，每个人都不得不为自己的那一小块而争斗。"珀金斯说。但是，"在一家快速成长的初创公司里，每个人的成功都来自将这块蛋糕做大。"她希望这些小组的数量也会像 Canva 增大一样增长，"大家不再为了升职而想方设法地相互排挤，而是将注意力放在如何让公司整体实现成长上。"

始终要评估风险

如果很高，慢下来；如果较低，迅速行动

你有太多的事情需要做，因此经常会有做出一些快速、短期决策的冲动。在很多情况下，这样做没什么问题，因为风险很低。比如，当公司只有 10 个人的时候，你该租哪里的办公室有谁在乎呢？反正一年后你会再次搬走。你的品牌标志该怎样设计？除非你销售的是需要品牌认同感的个人消费品，否则可能没什么大不了的，尤其是无论如何你都要修改几次的那种。

但是，有些短期决策会产生巨大的后续影响，比如，在招聘和提拔员工这两个方面。这里有一个经典的例子：你的公司成立已经两年，是时候增加一名工程副总裁了，而 18 个月前加入公司担任工程总监的那个人期望获得这个职位，但你不认为他能胜任。你需要的是一位在大企业担任过总监且经验丰富的人，他比你现在的总监经历过更复杂也更大的挑战。然而此时，你的总监威胁说如果得不到晋升他就会另谋出路，你不想让工程团队出现这么大的领导职缺。那你应该怎么做呢？

首先，停下来做深呼吸。给这个人一个副总裁的头衔似乎是比较容易的决定。他在公司工作，也有能力，为什么不给他头衔呢？我来告诉你为什么。每次你提拔了一个不合格的人，你团队里的其他人都会注意到。他们即使还远没有为新工作做好准备，也会期望得到类似的晋升。如果你不能给出类似的机会，他们会开始质疑公司的文化。公司真的是追求卓越吗？或者你实际上存在某种偏袒？现在，你陷入了困境，你可能最终也会为了稳住他们别离职而提拔这些人。于是在不知不觉之间，你就打造了一支平庸的高管团队。

这种短期决策最终会像涟漪一样向外蔓延。将中等水平的人安插在领导职位上，会影响你招聘优秀员工的能力。优秀的人不愿意为平庸的人工作（更不用说为无能的人）。一旦你让一个平平无奇的人担任了领导，你基本上就可以忽视掉他的整个团队了。

这种做法也会损害你融资的能力。你的融资文件包括了高管的名单，而一名平庸的玩家出现在名单上是一个危险的信号。投资人是要把赌注押在团队身上的，现在他们可能会因此将你淘汰。

所以，对于每一个决策，你都要花一点时间来评估，看看这是一个你可以迅速做出决定的低风险决策，还是一个具有长期影响的重大决策。具体来说，就是先问问你自己：这个决策会给我的团队传达正确的还是错误的信息？这个决策还会影响到其他哪些领域？它面对的是低风险还是高风险的情况？在 18 ~ 24 个月之内，这个决策会有多么重要？经过且只有经过这样的思考后，你才能“扣动扳机”。

打关键球

识别并专注于成败在此一举的时刻

作为一位创始人，你会被大量的占用你时间的要求淹没：要参加的会议、要签字的决策、要答复的电子邮件……你得找到办法应对这一切。尽管如此，在所有这些要求中，有几次（每年 20 次左右）会议和演示是真正非常重要的。能否正确处理这些事务，将会对你的公司产生指数级的巨大影响。例如，针对一家大客户的销售演示，如果能圆满完成，公司的收入可能会飙升 50%；或者向投资人做融资路演，这记本垒打能使公司获得两年发展所需的资金。这些都是能改变命运的事件。

作为创始人，你的工作就是识别你的待办事项清单中哪些是“关键球”，然后围绕它们优化其他所有事情。以 Okta 为例。我们现在是一家上市公司，所以我必须与华尔街召开季度财报电话会议。如果我在问答环节出了一丁点差错，我们的估值就可能会暴跌数十亿美元。因此，在电话会议召开之前，我会对所有事务进行优化。当然，我会做大量的准备工作。另外，我的助理也知道把我的日程表全部清空，保证我能专注于这件事。任何人都可以猛敲她的门坚持说要见我，但除非出现危及生命的家庭紧急情况，否则他们必须等待。即使让他们等待的代价是我们在一笔交易中损失数万美元，或者在招聘中错过一些优秀的中层管理者，但与我搞砸财报电话会议相比，这些事情给 Okta 造成的损失微不足道。

在公司刚刚起步的时候，我会为付出每一分钱而担心。有一次，为了参加一场生死攸关的销售会议，我不得不在最后一刻订了一张红眼航班的机票。我犹豫着要不要多付 150 美元买商务舱的座位，以便能在飞机上睡一会儿，当我给麦金农打电话征求他的意见时，他觉得我疯了。“当然要买商务舱，你这个笨蛋！”他告诉我，“你要不惜一切代价完成交易。”你也需要这么做。在创业的早期，公司的资金会很紧张，但如果提前一天坐飞机抵达并在酒店多住一晚，能保证你在一次关键的推销活动之前得到充分的休息，那就这样做。如果需要额外付费才能获得安静的酒店房间，那就付。如果需要时间为投资人会议做准备，那就告诉你的员工下个星期再来找你，哪怕这意味着他们在此期间会犯一些低级的错误。

站起身，四处走走

视察前线的价值

见 解

我认为没有人天生就是CEO。CEO的技能本身就是一些相当奇怪的非自然的技能。给别人（难处理的）反馈很重要；但作为人类，我们又希望别人喜欢我们。一位CEO必须愿意说一些没人喜欢的话，做一些没人喜欢的事，领导公司朝着没人喜欢的方向前进。没有人天生就会做这些。

——本·霍洛维茨
Loudcloud公司
及安德森－霍洛维茨投资公司

随着 Frontier Communications 公司不断发展壮大，玛吉·怀尔德特经常在办公室周围有目的地四处走动，只为了能与员工聊聊天。“我会让自己变得平易近人。”她说，“我会把一群员工召集在一起，回答他们的问题或者就正在发生的事情进行对话。”一切都是非正式的。怀尔德特会问他们正在做什么、做得怎么样，她会询问他们的家庭和工作之外的生活。她会厚着脸皮问他们想让她制造什么样的谣言，或者更真诚地，问他们听到了什么谣言。她说：“作为 CEO，你需要让大家能舒适地与你互动。”

这种做法非常重要，怀尔德特甚至将它纳入了自己的每周日程之中。她称这种出游为“狮子狩猎”，因为她会“四处巡视，看看发生了什么”。她说：“你的公司就是前线，它是客户每天互动的对象。对我来说，接近那些能告诉我真实情况的人并与之建立关系非常重要。”

她建立的纽带让员工有信心去分享坏消息，而不用担心有什么不良后果。“我一直在培养这样一种文化，即一线员工可以在将某些事情告知自己的直接领导前先与我交流。”她说。这反过来又会激励中层管理者。她会带着这些问题去找他们，看看到底是怎么回事。当然，他们并不高兴被抓到短处。“但他们因此改变了自己的做法，想确保没有任何意外情况会上升到我关注的级别。”怀尔德特说。

让员工看到你犯错

Omniture 和 Domo 两家公司的创始人乔希・詹姆斯说："我做过很多令人尴尬的事情。比如，我们印了1 000本《关于网络营销，你应该知道的一切》的小册子，把它们送给1 000位未来的客户。"这些小册子是空白的，每一页都是空白，这是故意的。詹姆斯说："你把它打开，会说：'怎么回事？'然后给我们打电话，我们再把一本真正的小册子送给你。"但结果并没有像詹姆斯希望的那样。"很多人被激怒了，他们问我们为什么要浪费纸张。这个结局确实令人非常尴尬。"

尽管如此，詹姆斯并不介意把事情搞砸了，即便是在员工面前大张旗鼓地搞砸了。"我认为，这实际上是有帮助的。"他说，"团队会看到，犯愚蠢的错误也没关系。因为在尝试的过程中，你会产生很棒的创意。"

塞巴斯蒂安・特伦在谷歌 X、Udacity 和 Kittyhawk 也采取了同样的做法。"如果你承认失败，就会惊讶地发现，团队会给你很多的支持。你立刻变得更可爱了。当你承认自己犯了错误时，员工会聚集到你的周围。"

做 2008 年的钢人队，不做 2006 年的老鹰队

对此我要向费城的球迷道歉

杰里米・布鲁姆（Jeremy Bloom）在2010年创立了自己的公司 Integrate，它是一个营销平台。但在此之前，他在 NFL（美国职业橄榄球大联盟）踢球，在场上担任弃踢回攻手（Punt Returner）和开球回攻手（Kick Returner）。在成为球员之前他还曾是冬奥会自由式滑雪运动员。2006年，布鲁姆被费城老鹰队选中；2007年，他与匹兹堡钢人队签约。

这两支队伍的运作方式明显不同。"老鹰队是一个非常强调自上而下、微观管理的组织，造就了一种基于恐惧的文化。"他回忆道，"教练们总是告诉你，如果不按照教练的指示去做，你就会被淘汰，'因为还有上百名其他球员等着接替你。'"这种恐惧文化意味着，比起想方设法去支持队友，球员们更愿意呆在自己的泡泡里。"每个人都只想着如何保住自己的工作，这感觉不像是一支橄榄球队想要拥有的那种齐心协力、并肩作战的文化。"

钢人队的情况则完全不同。这里有一种自下而上的文化，球员就是领导者。"主教练是一位伟大的激励者。他从来不会告诉你必须做什么，但他总是会在你如何实现目标方面给你出主意。"布鲁姆说，"更衣室感觉就像一个家。"

钢人队在2009年赢得了超级碗的冠军，尽管在布鲁姆看来"这支球队的天赋比费城的那支要低得多"。在创立 Integrate 时，布鲁姆将这些经验牢记于心。以下是他将"钢人模式"融入自己公司的3种方式：

- **赋予员工权力。**在 Integrate，每名员工都被视为“自己岗位的CEO”。“我们总是招聘比我们聪明的人，我们会让他们说说他们认为自己应该做什么。”布鲁姆说。员工有运营自己领域的自由，即使这意味着他们有时会摔跟头。“犯错也没关系。”他说，因为这是培养领导者的过程之一。

- **通过提问帮助员工解决问题。**如果一名员工正在非常费劲地执行一项任务，即使你知道该怎么做，也应该从提问开始。如果一个人能自行想出一个行动方案，执行的时候他会更加投入。此外，有时他想出的方法会比老板建议的更好。

- **聘用按这种方式行事的经理和高管。**“这是一个重要的招聘过滤器。”布鲁姆说，“如果我们觉得某人可能过于专横或者事必躬亲，那我们会考虑聘用另外一个人。”

他们是人，不是机器

灵活性就是一切

刚进入 Salesforce 工作时，我还很年轻，只有 25 岁。我当时的状态是“周末有时从周四晚上就开始了”。罗杰·古拉特聘用我担任业务开发经理，他的核心团队每周五早上都会聚在一起开会，而我偶尔会表现得“有点累”或“不舒服”（其实是宿醉而不清醒）。我并不以此为荣，但事实就是事实。显然，我在那些会议上表现不佳。那么古拉特是如何处理的呢？我先告诉你他所没有做的事情：他没有把我拖进他的办公室臭骂一顿，也绝对没有在会议上斥责我。相反地，他把会议时间改到了周四。

古拉特最近向我解释了他为什么决定那么做。作为一位资深高管，为我这样一名任性的小员工做这件事，似乎相当令人惊讶。他是这么说的：“我在那个位置上是为了让团队变得更强大，而让会议改期是很容易的事。”很多管理者在那种情况下会对我采取铁腕手段，而我也会服从，因为我喜欢 Salesforce，并且想保住自己的工作。但对整个团队来说，那是否是最明智的做法呢？每个人想干什么就干什么的全面自由显然并不可能，但如果是在变化很小且无关紧要的方面呢？

“为什么不呢？”古拉特说，“作为一名管理者，你是把赌注押在人的身上，你要竭尽全力去让他们获得成功。你要为他们扫清障碍、给他们资源、给他们帮助。”

很多管理者不是这样操作的，他们的行为就像是在自己封地里的领主，每个人都得屈从于他们的意志。但这种做法并不总能让人们充分发挥出自己的潜能，事实上，几乎从来都不能，尤其是在初创公司里。“我希望员工尽可能地关心和参与。”古拉特说，“有时你只需要表现出一点灵活性，就可以从团队那里获得最大的产出。”

见　解

我从超级计算之父吉恩·阿姆达尔（Gene Amdahl）博士那里学到了一个小技巧，一说起这件事我就很激动。我当时在一家非常成功的公司工作，有一天，我正在机房里编程时，他走了进来。他不知道我是谁，但他把手放在我的肩膀上，对我说：“你正在做的事情非常重要，你是唯一能做好这项工作的人，我很感激你在这里工作。”我的感觉是：“哇，这家伙信任我！”如果你将这种信念灌输给你的员工，让他们知道自己有多么重要，他们会千百倍地回报你。这不是一个虚伪的伎俩。对绝大多数人来说，知道比自己高 7 个层级的人对自己的欣赏，能值 10 亿美元。

——弗雷德·鲁迪
ServiceNow 公司

领导力的两种方式

不同类型的员工对不同类型动机的反应

当杰里米·布鲁姆创立 Integrate 时，他最初是想以自己——一名前精英运动员喜欢的方式来激励员工。“我已经习惯了与橄榄球运动员和奥运选手在一起，这就是我最初领导公司的方式。”他说，这种激励方式对销售人员很有效，“他们有着同样的‘搞定对方’的心态。你可以把一个大创意往白板上一扔，他们就会去完成，对吧？”但对工程师呢？就不大奏效了，“他们会恨我。”

祖睿的创始人左霆知道个中原因。“工程师想要创造。”他说，“他们想创造一些让自己引以为豪的东西。”他们不像运动员和销售人员那样受到竞争的激励。相反地，他们希望了解自己的工作如何融入客户的生活，并使其变得更好。“如果他们能实现某些功能，便可打造出一款即使不被上百万人也将被数千人使用的世界级产品，这种想法会让他们感到振奋。”左霆说，“这给了他们意义，是他们动力的源泉。”

为了学习如何与各种各样的人相处并激励他们，布鲁姆成了一名“迈尔斯－布里格斯类型指标”（Myers-Briggs Type Indicator）的认证执业者。不是每个人都必须采取如此严格的手段（毕竟，他有奥运选手的精神），但作为一名领导者，你确实需要明白，不同的个人和群体会受不同的动机激励。适用于一个人或一组员工的东西，不一定适用于别的人和别的组。作为领导者，你的工作就是调整自己的管理风格去适应每一名员工和每一个团队，帮助他们以最适合他们自己而不是最适合你的方式去取得成功。

激化矛盾

当有麻烦正在酝酿时，将它公之于众

人类喜欢规避冲突，这很自然。尖刻对做生意没有好处。但是，作为一名领导者，你没那种余裕去避免冲突。当一个问题还在酝酿中时，你需要控制住它。得不到解决的问题只会变得越来越大，忽视它们的代价也会越来越大，包括要付出的精力、注意力、资源、口碑和动力等。

很多创始人发现解决员工之间的冲突很难。这也许是因为你想被人喜欢，或者你不希望战斗人员把他们的怒火转向你，又或者只是因为你很忙、压力大，没有精力再多忍受一个令人头疼的问题。所以你希望冲突能在没有你参与的情况下自行解决。我理解你，真的，这一切都很难。但坏消息是，我的朋友，你还是得面对它，而且越早越好。

我们的第一批投资人，即本·霍洛维茨和马克·安德森，使用一种他们称为“激化矛盾”[1]的策略。它的意思是将冲突公开化，有时甚至是去引发它们。因为一旦问题被暴露出来，你就可以着手找出其真正的症结所在，然后想办法解决。“暴露它，然后解决它。”霍洛维茨说，“它们不显山不露水的时候你无法化解，但当危机出现时，你就可以解决了。”所以要引发危机，让问题变成非解决不可的地步。

例如，有一年，我们招聘了一名高管担任C级职务[2]。这名高管是一位备受尊重的领导者，有着令人惊叹的业绩履历，曾在一家比我们规模大得多的对手公司里担任过同样的职务。我们简直无法相信，这样的人会同意来我们这么小的初创公司工作。他本可以在一家大企业担任要职、挣更多的钱，却加入了我们。看起来我们像是得了一分。

[1] 大爆料：霍洛维茨和安德森是从弗拉基米尔·列宁那里获得这个想法的，而列宁实际上又是从卡尔·马克思那里获得这个想法。

[2] C级职务指的是头衔以Chief（C）开头、以Officer（O）结尾的高管职务，如公司的首席执行官（CEO）、首席运营官（COO）、首席财务官（CFO）、首席信息官（CIO）等。——译者注

然而，没过几个月，事情就似乎有些不对劲了。当时我们正要推出一款关键的产品，这名高管的队伍正处于关键时刻，但他似乎并不怎么重视他们的工作。随后，这名高管去了一个偏远地区度了三周假，那里没有网络。

如果是一名资历较浅的员工表现得如此糟糕，我们肯定会让他坐下来，进行一次“艰难谈话”。但是对于这个人，我们害怕了。我们在他身上押了很大的赌注，他却显然是“纸上谈兵”。此外，我们害怕不得不从头开始的情况，寻找 C 级高管可能得要半年或更长时间。

最终我们接受了一个事实，即我们必须要弄清楚发生了什么事。这名高管度假回来之后，我们与他谈了谈，告诉他要在这份工作上投入更多。几天后，这名高管回来告诉我们，他的心思根本就不在这里。我们与他分道扬镳，并开始寻找新的人选。这一点都不好玩，我们遭受了挫折。但是，如果我们没有进行那次直言不讳的谈话，他可能要到很久以后才会去解决这个问题，在此期间他的整个队伍都会陷入“漩涡”，使我们遭受更大的挫折。

不要当"牛仔"

在这里，我要再次提到罗杰·古拉特的箴言："我们是作为一个团队去赢得胜利，所以不要一个人独自失败。"因为它不仅仅是你公司文化的重要组成部分，也是你作为领导者必须内化的一个想法。你可能是创始人，但你并非无所不知，你并不比你聘用的人更聪明。所以当你遇到难题时，记得寻求帮助，问问你的团队，问问你的董事们或投资人们，问问其他创始人。

你的这种示范行为越多，团队中的其他成员在寻求帮助时就会感觉越自在。例如，Okta 的每一笔销售都由一位客户经理负责，他们通常天生好胜，"牛仔"的特质让他们在残酷的销售环境中受益匪浅；但其他很多人也参与了交易的达成：售前工程师、专业服务经理和执行主管等都发挥了作用。因此，我们在重视客户经理的竞争之火的同时，也需要他们在遇到困难时能够寻求帮助。我们不能承受有人因自尊心太强不愿与人合作而失去一笔生意的结果。像你这样的高层管理人员以身示范这种做法，就打造出一种公司文化，让所有人都可以这么做。而这将有助于公司整体获得胜利。

习惯于放弃一些东西

尤其是你喜欢的东西，这是最痛苦的

在 Okta 刚创立的时候，我担任公司的总裁兼 COO，以及人力资源主管、CIO、首席安全官 CSO、CFO 和总法律顾问。随着公司的发展，这些职能的规模和复杂性也在增加，我们需要引进这些领域的专家。这一点似乎是显而易见的，但你会惊讶地发现，很多创始人都不愿意放弃自己所任的各种职务。

当公司在 2012 年聘请第一位销售副总裁时，我起初深感沮丧。当然，对公司而言这是必要的。这是本·霍洛维茨指导我们走出"死亡漩涡"时，告诉我要做的事情之一。我喜欢与客户在一起，喜欢讲述我们的故事并努力达成交易，我担心放弃这些事情会让我陷入后台职能。当然，我熬过去了。一年后，我已经有了新职责，无论如何都没有足够的时间来领导销售部门了。

这些年来，我越来越善于审视在未来 12 个月里的工作，并评估我手头有哪些职责可以交给更优秀的专家。例如，我们最近开始收购其他公司，我和麦金农亲自完成了最初的两笔收购，但从一开始就很明显，一位经验丰富的公司开发主管将是进行更多收购的关键，于是我们很快就找到了一位。

很多创始人不愿意放手，这让他们栽了跟头。在创业之初，你不得不亲自去做所有的事情，而且在很多情况下你也觉得很享受。也许你喜欢智力挑战，也许你喜欢（或甚至是需要）掌控的感觉。但你很快就会被公司不断膨胀的规模压垮，被所有工作累积的压力淹没。

所以我的建议是：在创业初期就培养预测能力，预计什么时候你的某部分工作量会大到需要把它剥离出去交给别人做。在工作交接前的 6 ~ 9 个月你就要开始寻找自己的替代者。不要害怕放弃了"太多"工作之后你将"无事可做"，相信我，你会有事做的。等到新人接手了你的这部分工作后，你的事务又会满得"要溢出盘子"了。

第8章

成 长

到 2018 年，我们早已从 2011 年的“死亡漩涡”中走了出来。事实上，Okta 在 2017 年就已经上市，并在全球范围内迅速扩张。上市次年的 9 月，我飞往欧洲去与一些未来的和实际的客户会面。当我在旧金山登上飞机时，我突然想，与通常一两个晚上紧凑的出差拜访客户相比，这次旅行有很大的不同。我有亲人住在法国，我很兴奋能见到他们，但我也期待着在欧洲学到更高层次的业务知识。公司的成长可以提供这些机会。

排得满满的日程，意味着我只有短暂的时间与亲人团聚。而且，与他们见面时，我的时间也不属于我自己。一天晚上，我在巴黎的表哥家吃饭，中途不得不到外面去打一个销售电话。雨下得很大，我不得不紧贴在门上，以免全身湿透。在 8 天的时间内，我去了 5 个国家，8 次以不同的方式路过伦敦的希思罗机场。我记得当时在想：嗯，这难道不是很迷人吗?

我的观点是：作为一名领导者，成长会给你带来很多压力。即便它带来了新的机遇，但也会限制你的选择。有人说，领导一家快速成长的初创公司就像赢得一场吃馅饼比赛，大奖是你可以吃更多的馅饼。

ServiceNow 公司的创始人弗雷德·鲁迪谈到，初创公司有 3 个主要发展阶段。在第一阶段，你要努力将最简化可行产品（MVP）交付给客户。第二阶段，你要弄清楚公司实际上应该打造的是什么。观察你的客户如何使用你的 MVP，你就能发现他们真正需要的是什么，然后你回过头打造对应的产品。可能要经历多次调整产品才能最终定型。然后开始第三阶段，鲁迪称之为“规模化和卓越运营”，我简称之为“成长”，但本质含义是一样的。鲁迪说：“一旦你的公司做得很好，而且有一个很大的市场需要开拓，那么你就必须确保公司有合适的内部流程和程序。”这就是本章的主要内容。

在此之前，你主要关注的是打磨产品或服务、落实分销体系和营销计划，以及设计能实现可观利润的定价结构，这些是公司实现成长的基础。现在，你的注意力将转向内部。到目前为止，公司的运营可能是分散和低效的，毕竟，“首要事情”是把产品做好。不过，要实现规模化发展，也就是真正把公司做大，内部机器必须平稳且高效地运转。

当然，现在你依然在快速前进。你永远不会停止前进。即使在今天，我也依然在一个接一个的危机中蹒跚前行。挑战从未停止，它们只是变得更大、更复杂而已。不要被会议讲台上创始人们轻松愉悦的举止所欺骗。他们可能看起来很平静和放松，但在台下，他们可能正被多种不同的“火焰”炙烤。

接受这样一个事实，即你永远不能把所有事情做得像期望的那样好。这没什么大不了的，只要你一直专注于解决最重要的事情。

你永远不会停止前进。即使在今天，我也依然在一个接一个的危机中蹒跚前行。挑战从未停止，它们只是变得更大、更复杂而已。

首先，制定成长战略

然后确保有一套所有人都可以执行的系统

创始人确实很擅长把事情做成，他们通常高度自律、韧性超强，而且工作极其勤奋。但是，如果做的事情不正确，那么做得再多也没有多大意义。同样，当公司的规模发展到 200 人、500 人或 1 000 人时，如果大家不是朝着同一个方向努力，那他们的工作也就没多大意义。坚定不移地专注于既定目标，初创公司才能迈向成功，而如果大家朝着不同的方向努力，那么就只会是瞎扑腾。为了防止这种情况，你需要一个系统。

很多公司使用一种叫“目标和关键结果”（Objectives and Key Results，OKRs）的工具。在 Okta，我们则使用名为“愿景、方法和标靶”（Vision，Methods and Targets，VMTs）的系统：[1]

- **愿景。**这是公司的起点：公司的愿景可以用一个清晰、简洁的短语来表述，它解释了公司正用一种激励的方式驱使你和你的团队朝着哪个方向努力（以及为什么）。
- **方法。**接下来，决定公司下一年度的 4 ~ 6 个主要目标（Okta 称之为“方法”）。对于每个方法，我们会确定 4 ~ 6 项活动或计划（我们称之为“子方法”），子方法将推动实现每个目标的结果。
- **标靶。**这些是可以量化的结果，它们会告诉你你的目标是否已经实现。

我们从公司的高层开始实施 VMT，然后逐级下达到各个部门，每个部门都实施自己的 VMT，然后是每个科室，然后是每个小组，一直到员工这一级。我们认为 Okta 的所有员工都应该为自己的工作准备一套 VMT，它是一张指导他们应该把时间花在哪里的路线图，也是一张展示他们应该努力取得什么结果的清单。

[1] 我们这一系统是基于 Salesforce 公司的 V2MOM（愿景、价值、方法、障碍和措施）框架设计的。该框架虽然实用，但（在我们看来）有点太复杂了。感谢 Okta 的执行副总裁兼麦金农的办公室主任安吉拉·格雷迪（Angela Grady），是她设计了 Okta 所用的版本。

见解

组织中的人越多，保持极度专注的代价就越高。你面临着1900个人朝着不同方向发力的风险。当你有这么多人的时候，一方面你会觉得“我们终于可以去做所有一直想做的事情了”；另一方面，如果你真的去做所有的事情，你会失败得很惨。

——阿伦·利维 Box公司

即使在公司还很小的时候，也需要养成以这种方式思考的好习惯，它会让你和你的团队保持高度的专注。请为实施这些留出时间。在Okta，我们从2017年9月份开始在公司范围内进行头脑风暴，比次年2月份我们的财政年度开始提前5个月。公司规模越小，就可以越晚开始实施，但随着公司的成长，应该越来越早开始这个流程。

为什么要这么费劲去做呢？我们发现了三大好处：

- **它消除了混乱和不确定性。**每个人都清楚自己应该关注什么。
- **它有助于大家了解身边的其他小组在做什么。**随着公司的规模越来越大，团队之间在物理空间上的距离越来越远，这一点就变得越来越重要。当不同的小组搬到不同的楼层、不同的大厦，甚至是不同的城市时，你需要越来越结构化的方式让各小组保持同步。
- **它为团队创造了更加独立和更加主动的空间。**我们可以给他们更多的回旋余地，因为我们知道他们有正确的路线图。

VMTs还有助于绩效管理，因为员工知道领导对自己的期望。到了年底，可以一目了然地看到一名员工是否为公司的整体成功做出了贡献，或者是否偏离了方向。

一旦制定完成，VMTs就可以用于实际目的。例如，设置季度和年度运营节奏，还可以协助制订预算分配流程。自上而下，你可以检查所有公司级别的措施是否都获得了适当的资金；自下而上，管理者可以使用他们的VMTs来确保所有的成本分配（如员工人数和运营成本）都与公司的总体目标保持一致。

越小越快

初创公司的主要竞争优势

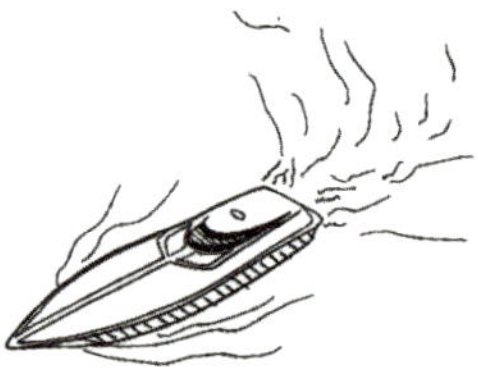

“速度就是一切。”Zoom 公司的创始人袁征（Eric S. Yuan）说，“不要担心那些大的传统玩家，它们行动非常缓慢。”对此袁征深有体会。他在 20 世纪 90 年代末加入 WebEx 公司，当时它还只是一家初创公司。2007 年，该公司被思科公司（Cisco）收购，3 年之后，袁征陷入了痛苦，而且显然他不是唯一的人。“我每天都与客户交流，但没有一位客户感到满意。”他说。（此后，思科对这块产品进行了重新设计。）

2011 年，袁征离开了，他推出了自己的视频会议工具，现在我们都知道它的名字叫 Zoom。尽管他要在一个极其拥挤的市场上与巨头较量，但他从不怀疑自己能做得更好。到那年夏天，他已经招募了大约 20 名工程师，而传统的大企业里则有几千名工程师。“我们知道，只要专注于客户体验和他们的痛点，并且快速创新，我们就能迅速成长。”他说。他是对的，他的公司规模每年扩大一倍，截至 2021 年年底，它已拥有 6 300 名员工。

我们都知道接下来发生了什么。当有突发情况迫使全球数千万人进入封禁状态时，“Zoom”就不再只是一家公司，它变成了一个动词，成为很多人进行远程通信的首选。到 2021 年秋天，该公司的估值达到了 780 亿美元。

传统大企业看起来令人生畏，它们有很多钱，与客户有着深厚的关系，还可以将业务外包给小公司，但它们在速度方面欠缺竞争力。大企业就像油轮，那些船从全速前进到完全停止需要将近5公里的距离，它们转弯的弧线通常有好几公里长。相比之下，你的初创公司就像一艘快艇，你可以在极小的空间内停止、转弯，进行各种机动。

即使大企业知道生态系统正在如何变化，其内部的惯性也常常不允许它们做出有意义的改变。与此同时，它们经常为了维持利润率和利润额而忽视客户的满意度。这有时候是因为想让华尔街的投资人开心，变化通常涉及研发上的投入，这会降低短期盈利能力，并通常会影响公司的股价；有时候则是因为公司安于现状，使顶尖的创新者们离开以投身更有创造力的领域。

这就是你——创业新手的优势所在。如果你能与客户保持密切联系，把他们的快乐当成你的首要任务（在商务社交网站领英上，袁征仍然将他的主要工作描述为“给用户带来快乐”），你就可以创造出一些新的东西来取代现有的东西，将客户抢走。但是你必须快速行动，因为你的钱只能维持很短的时间。因此，在耗尽手头的资金、找到投资人愿意继续给你掏钱之前，你必须实现赶超传统竞争对手的目标。

不必完美

足够好用就行

你可能听过这样一句话："完成比完美更好。"在 Facebook 公司热火朝天的创业早期，这句话曾被张贴在其办公室墙上。你可能更喜欢另一句常用的格言："完美是把事做好的敌人。"无论哪句话，你都需要将其内化为自己的心态，特别是创业早期的心态。在那个时期，势头比完美更重要。如果你要等到所有事情都完美无缺的时候，那可能中途就把钱花光了。此外，如果不把产品送到客户手中，客户永远不会真正地知道这款产品到底有多好。

无论是对于你所计划销售的实际产品或服务，还是对于你公司的内部运营，都是如此。举个例子，当你的公司还很小的时候，不必花时间去研究哪些人力资源、供应链或财务软件最好，反正它们通常是为大型上市公司设计的。找到一款足够好的就尽快使用，并制订一个流程来跟踪其使用情况，这样你就知道什么时候应该升级，然后继续前进。

当然，认为"完成比完美更好"并不意味着你就该打造一款劣质产品。它只是意味着在规定的时间内尽你所能做到最好，然后把产品交付出去。一旦交付，你就可以了解客户如何使用，并找出需要改进和修正的地方。但无论如何，你都要继续前进。当然，你可能会撞到一堵墙，或者把事情完全搞砸，但是没关系，退后一步并寻找新的前进方向，然后继续前进。

表现得像一名新手家长

“在我的第一个孩子出生时，我没有关于养孩子的经验。”Medallia公司的创始人埃米·普雷斯曼说。“我生产时身处欧洲，我在医院住了5天。最后，那位非常严厉的护士长把我拉到一边说：‘普雷斯曼，我找不到任何理由让你继续留在这里。’她知道我很害怕，所以她给了我以下建议：‘听听每个人是怎么说的，公共汽车上的陌生人、你的姨妈、你的朋友、所有的婴儿书籍、电视节目、报纸文章……听听所有的说法，然后自己做决定。’”创业者也是如此。她说：“我们是在做一些自己以前从未做过的事情，必须不断地与别人交流和学习。”

你要主动建立一个创始人的人脉网络，这些创始人比你起步早一两年。他们不一定是经营与你同样的公司，但只要有处理过同类问题的经验就行。你首次面临的挑战，项目内容将会非常广泛，无论是在销售、供应链、财务、法律，还是在人力资源等方面都有。要利用你的人脉网络寻找答案，为自己节省时间。你没有时间去重新发明轮子或研究每个问题的解决方案。建立这种人脉网络，充分利用它，然后留下你的经验与那些在你之后开始创业的人们分享。

财务和法律事务除外

不要在这些领域“创新”

之前的建议不适用于财务和法律这两个领域。财务受法律法规的约束，不需要有太多的创造性，你也不要胡思乱想，遵循标准的做法就行。这个领域，要么你自己懂一些，要么招聘值得信赖的专业人士来负责。在法律方面也要把事情做好，确保合同内容不会犯错。当你的律师给你提供法律上的建议时，要听他们的。

因为你知道真正让发展速度慢下来的是什么，是违反法律、合同违约、被监管机构和检查人员调查、遭到法律诉讼和官司费用的打击，以及但愿不会发生的情况，即进监狱。

在其他所有的领域里，你都可以随意挑战极限，只要不在这两个领域里就行。

当心瓶颈

它们预示着有些东西需要替换

维持公司运转的有四大支柱：人员、系统、流程和数据。无论公司的规模大小，无论面临的挑战或机遇是什么，这四者都是公司在成长过程中需要不断升级的要素。当你只有几位客户时，为你的团队提供支持的系统，可能与你有几千位客户时使用的系统不一样。比如，管理支出报表或者跟踪带薪休假情况的方法，在有 30 名员工时运作良好，不等于员工超过 1 000 名时也能运行无碍。此外，随着公司规模的不断扩大，你需要更加精细和精确的数据来运行复杂的机器。

应对所有这一切的诀窍，在于知道什么时候进行升级。一方面，过早处理这一问题是没有意义的，重组一个系统或流程会让一切陷入停滞，让公司原地踏步。如果一切都进展顺利，就不要妨碍这种进展的势头。另一方面，你也不能等太久，等到问题大得已经无法处理。就好比一台又脏又旧的空气过滤器会让你的汽车慢下来一样，无法应对新工作量的系统、流程或人员也会让你的公司慢下来。

你怎么知道何时该做出改变呢？当瓶颈出现的时候。瓶颈是某些东西不再有效的一个明显信号。当事情开始倒退时，你需要按下暂停键，以便用新要素来替换旧要素。这是值得花一些时间和精力的。很多创始人认为，扩大规模只是增加客户数和销售量的问题，但其实你还必须扩展基础设施。

四大要素中，最难处理的是“人员”。具体来说，就是指那些不再胜任自己工作的人，原因通常是随着公司的发展，要肩负的责任对他们来说变得太大了。要密切关注以下迹象，它们意味着某岗位的领导者开始难以胜任其工作了：

- 当一支团队的工作质量开始下降时；
- 当一支团队的人员流失率高于其他团队时（这种情况通常发生在领导者不知道如何指导或培训员工以帮助他们进步时，或者更糟糕，这种情况是由于领导者控制欲过强或事必躬亲而引发的）；
- 当其他人开始围着他们转时。

你并不是必须要解雇那些跟不上公司发展的人，但你确实需要开始一场“艰难的对话”，讨论他们今后应该扮演什么角色。

这种“触顶出局”的情况很常见，尤其是对于那些在公司规模较小、需求也不太复杂时加入公司的早期员工。其中一些员工很乐意转到中级岗位，他们在这些岗位上会继续表现良好。但也有一些人希望继续往上爬，即使他们还没有做好准备或者并不适合。这些人如果在你公司得不到他们想要的工作，通常会决定离开，去别的地方。这不是什么好玩的事，但作为一名领导者，你的工作就是着眼于大局，确保公司整体运转良好，而这有时就意味着你要让员工知道他们无法胜任公司下一阶段的工作。

见 解

我认识的一些最有才华的工程师，他们只管理10个人的团队。如果你让他们带领1000人的团队，那他们必须变成经理人，而这种角色无法让他们发挥工程师的天赋。在销售和其他职能部门也是如此。当这种情况发生时，我们的目标是帮助那些人认识到公司对他们的要求，如果他们不喜欢，我们应该给他们找到更有利于他们成功的角色。

——阿尼尔·布哈斯利
Workday 公司

由客户塑造产品

在合理的范围内

“我所见过的所有成功的初创公司都是先提出最初的创意，然后它们就让客户来塑造产品。”Workday 的联合创始人兼 CEO 阿尼尔·布哈斯利说。布哈斯利于 2005 年离开了长期工作的 PeopleSoft 公司，创立了 Workday 这家估值 730 亿美元、基于云端的财务与人力资源管理软件公司。在创立 Workday 时，布哈斯利就深知客户的需求，不过他仍然认真倾听了前 10 ~ 15 位客户的意见（其中大多数都是小公司），以便弄清楚 Workday 应该如何运作。随着 Workday 获得了体量更大、业务更复杂的客户（最初是金吉达，然后是摩根士丹利，再然后是汤森路透等），它与客户之间建立了更为密切的关系，从而进一步完善了产品功能。“如果我回头看看这些年产品的发展蓝图，会发现每一项功能的实现都与特定的客户紧密相关。”布哈斯利说。

我们在 Okta 也做了同样的事情。我们一开始是凭着直觉确定客户的需求，但我们实际打造的功能和管理工具的方式，都直接受到客户的影响，他们会把需求告诉我们。我们并不只是把客户当成销售对象，更视其为合作伙伴。这种合作关系最终会变得非常有价值，它不仅能直接带来大量销售额（希望如此），而且如果你善于倾听、被视为值得信任的合作伙伴，客户的高管们就会开始与你讨论应该如何打造软件。一旦出现这种状况，我们双方就会成为终生的合作伙伴。

一旦你帮助了客户，使他们的部门效率更高、行动更快，或者使他们对业务有了更深入的了解，你最终会为他们节省一笔数额惊人的费用，这时你将变得真正有价值。当这种情况发生时，大多数客户就永远不会想让你离开了。他们相信，你打造的任何东西都会是智能的、有用的，而且非常划算。当你开发出更多的产品，你当前的大多数客户都会很乐意继续购买、使用。

鲸鱼谬论

让客户参与塑造产品时，有一条原则我要提醒你注意：在创业的早期，一家拥有巨额采购预算的大客户（也就是“鲸鱼”），可能会要求你打造一些只适用于它自己、而对任何其他客户都没有意义的功能（就像我在前文中提到的那家 Okta 的预期客户）。这种客户实际上是在要求你为它们开发定制软件，大多数情况下，它们会为此支付可观的费用。

但是，你不要接受。

你聆听客户声音的做法，应该是为了打造能满足成百上千或成千上万的客户所需要的功能和产品。这就是你实现快速成长的方式，即创造出设计一次就能卖给很多客户的产品。一套定制的功能将会妨碍你公司的发展，如果你想获得长远的胜利，就要坚持到底，拒绝那些“鲸鱼”。

见 解

技术人员并不总是理解人际关系的力量。他们认为产品的成功完全依赖于技术，但技术会失败，技术并非完美。日本财产保险（美国）公司（Sompo Japan Insurance Company of America）成为 Salesforce 的客户已经 15 年了，它一直与我们合作，因为我与该公司的人建立了深厚的人际关系，我是他们的执行发起人。即使遇到了问题，对他们来说最重要的依然是我们之间的信任，以及他们对我们能解决问题的信心。

——帕克·哈里斯
Salesforce 公司

坏消息是，你会让客户失望

好消息是，这通常不会致命

有时候你会把事情搞砸，结果很糟糕。看看发生在我们身上的事情：在 Okta 创立才几年时，我们经历了一次几个小时的停摆事件。我们的客户（其中有一些是家喻户晓的大公司）一整个上午都无法使用我们的服务，包括一些核心工具，比如电子邮件。

太可怕了！那段记忆至今仍然让我不舒服。当然，我们之前已经建立起一套灾难恢复计划，并且努力让它发挥作用，但我们修复故障的速度还是不够快。所以我和麦金农做了退而求其次的事情：我们拿起电话，亲自打给每位客户。他们的第一个问题是：你们是否丢失了我们的任何数据？我们说“没有”。一位 CIO 似乎并不是特别担心，事实上，他告诉我们：“你们出问题好过我出问题。”这是因为，如果一套老旧的、内部部署的软件出现故障时（这种状况经常出现），那么要采取紧急措施去抢修的人应该是他。现在是我们在解决问题，他则可以袖手旁观。

最终，我们处理失败的方式令结果变得不同，我们透明的做法建立起了客户的信任。我们的客户认为：“Okta 并不完美，但我信任那个团队。”这种信任千金难买。

总有一天，你会面对各种各样的问题。你都能处理得好，因为你很有韧性。但它仍然将会是一种耻辱，而且可能代价不菲，甚至你会担心公司将因此倒闭。但在那些时刻，请记住，商业不仅是在做生意，更是在做人。易位而处之时，如果你希望别人怎样对待你，那么你就要怎样对待你的客户。

要接近你的客户

没错，就是作为创始人的你

每天早上，埃米·普雷斯曼都会查看来自 Medallia 客户的 10 条评论。“你知道在倾听客户用自己的话描述使用体验时，能激发出多少灵感吗？”她说。这些评论出现在 Medallia 开发的一款 App 中，它是他们为收集客户和员工的反馈而打造的平台的一部分。与我一样，普雷斯曼也认为密切关注客户是成功的关键。

当公司规模很小的时候，作为创始人的你必须接近你的客户，你是那个要向客户销售产品的人，你有效地管理着客户支持线。随着公司变得越来越大，创始人开始把这些工作交给别人，这样你就可能失去与客户的联系。你可能会查阅一线销售代表的总结，或者依赖与部门主管的会议，但除非你直接与客户交流，否则永远也无法了解全貌。信息总是会被过滤掉的，尤其是坏消息。

在过去的 20 年中，普雷斯曼一直在开发收集客户反馈的工具，她知道有些高管抵触与客户直接接触的想法。她告诉我，她认识的一位高管曾经认为客户是“不可避免的祸害”。“他真的不喜欢他们，因为他们会抱怨。”她说。但讽刺的是，倾听客户的抱怨实际上非常有用。你会发现哪些做法行不通，或者更棒的是，你会获得关于新产品、新服务的创意。

随着公司不断壮大并开始规模化发展，不要忘记扩展你的流程，以便让高层人员（包括你自己）能与客户保持联系。在 Okta，我们已经实施了几个非常有效的计划，希望它们能为你的实践带来灵感：

1

执行发起人计划[1]

我们的大多数副总裁及以上级别的高管，都与多达5家的顶级客户公司配对，双方每季度至少会面一次，并且定期通电话。Okta的执行官（发起人）会随时向对方提供我们公司的发展蓝图，以及他们可能感兴趣的任何新功能或新产品，还会帮助对方清理任何妨碍他们使用我们工具的障碍。

要在这些“高管对高管”会议中完成的工作，不是客户经理或销售代表能够胜任的。通过让我们的一名高管成为他们的私人“好友”，我们的目标是建立客户的信任和信心。这种做法向他们表明我们为他们的成功而投入。而这也帮助了我们，让我们的高管得以贴近客户的需求。另外，这个计划还建立了一个良性循环：高管给我们提供深刻的见解，启发我们去开发新产品和新功能，然后客户最终会使用更多从我们这里购买的东西，从而实现更多的销售。

2

分发会议纪要

我定期与《财富》500强企业的C级高管们交流。每次会议结束之后，我都会给我们公司的前100名主管发送一份详细的会议纪要。其中不仅包括主要的结论，还包括讨论内容的摘要、这些内容重要的原因，以及原始的准备文档。这些会议纪要让我们的主管们能够直接洞察我的所见所闻，也有助于他们在各自领域做出更好的决策。即使会议的结果不是我们想要的好消息，或者可能在不是好消息的情况下更需要这样做，给他们分发信息也能让更多的人参与解决问题。

让“执行发起人计划”发挥作用

如果你决定实施“发起人计划”，请记住这不是一劳永逸的。在Okta，我们有一名高管，他的唯一职责就是监督这个计划并确保其顺利进行。以下是我们学到的一些东西：

将具有共同商业利益或已建立关系的高管进行配对。例如，如果我们客户公司的IT部门是向他们的CFO报告，我们可能会将该客户与我们的一位财务高管配对；如果客户所在的行业是市场营销，我们会将该客户与我们的一位市场营销高管配对。

让客户经理[2]来推动该计划。拥有客户关系的人，是推动和组织“执行发起人”活动的人。他们要安排线下会议或电话会议，并向发起人提供任何所需的信息，以便传递给客户。如果发起人听到一个需要调查的问题，则会把问题回传给客户经理去跟进。

限制每位执行官配对的客户数量，最多不超过5位。这项工作需要花费大量的时间和精力。发起人能承担的最大限度是5位客户，这样他们才能确保维持关系所需的关注度。

[1] 这个想法完全得归功于Salesforce公司，我和麦金农在那里第一次看到了这个计划付诸于实践。

[2] 在某些公司里，这一角色被称为“客户成功经理”。

在市场低迷时推出产品

在经济衰退时也能找到一线希望

当经济衰退来袭时，潜在的创业者们通常会问：是不是应该等到经济好转之后再开始创业？答案是否定的。

很多伟大的公司，比如通用电气、通用汽车、IBM和迪士尼等，都诞生于市场低迷的环境下。更近的例子，微软、艺电（Electronic Arts）和大家都喜欢的乔氏超市（Trader Joe's），也都是起步于艰难的岁月。Okta创立于2009年底，当时正值金融危机的风口浪尖；爱彼迎（2008年）、优步（2009年）和Warby Parker（2010年）等创立的时间也差不多。阿尼尔·布哈斯利的Workday创立于经济衰退发生的3年前，当经济触底时他刚刚开始取得一些成绩。“在两年的大部分时间里，我们的员工数量保持不变，但我们非常非常地专注于不让任何人离开。”布哈斯利说，“我们不知道这场危机会持续多久，但我们决心要熬过去。”最后，他告诉我，经济衰退让Workday变得更加强大，原因如下：

- **让你更自律。**“在经济衰退期间，你可以学到很多东西。”布哈斯利说，“它让你专注于真正重要的事情。每一种资源都很重要，每个人都很重要，你花的每一块钱都很重要。”这一经历让Workday变得比金融危机之前更细致谨慎。

- **迫使你改进你的推销路演。**“机遇就是从这些充满挑战的环境中诞生的。”布哈斯利说，“我们有一位非常聪明的员工，他刚从商学院毕业几年就加入了我们。我对他说：‘我们必须针对经济低迷时期的客户公司找到一个价值定位。’他构建了一个非常惊人的模型，显示出在4～5年的时间里，我们的成本可低到传统内部部署系统的一半。”实际上，Workday在那期间的销售额最终增长了50%。

- **减少你的竞争。**Workday率先在企业人力资源管理和财务管理方面推出云端服务，但如果不是因为经济衰退，会出现更多的竞争公司。艰难的经济时期会把人们吓跑。“这阻止了其他一大批初创公司进入这个领域。”布哈斯利说，“当你回顾这个市场的演变历程，你会发现如今只剩下了Workday一家。”

见解

当你观察成功的初创公司时，看到的往往只是一部关于其成功原因的修正主义历史。但是在观察了一家又一家公司之后，我成了“最后站立者获胜”规则[1]的拥护者。很多公司的成功，仅仅是因为坚持到底，熬过了所有的困难时期，并在很长的一段时间内都这样做。我想告诉潜在的创业者们，要选择一个大市场，要有足够的韧性，然后去解决一个又一个的危机。当过了5年、10年或15年后回看时，你会发现自己创造了一些特别的东西。

——左霆
祖睿公司

忽略竞争对手

他们知道的并不比你多

你可能看过广受欢迎的电视节目《英国烘焙大赛》(*The Great British Baking Show*)。这是业余面包师参加的比赛，每集都有一个“技术挑战”环节，面包师们在这个环节里会拿到一个他们从未见过的配方，并被要求尽快完成。

在这个环节里总会出现这样的画面：某位选手试图观察其他面包师在做什么，以确定自己的做法是否正确。这一点我一直无法理解。大家处境相同，都是优秀的面包师，都面临同样的困惑，为什么你会认为别人比你了解更多？你最终得到错误答案的可能性与得到正确答案的可能性差不多。

初创公司也是如此。你会有竞争对手，也许是与你在同一个领域里的混日子的传统大企业，也许是其他在争夺市场份额的初创公司。人们很容易被别人正在做的事情分散注意力，无论是密切关注他们的新功能、研究他们的融资公告、分析他们的广告和营销策略，还是跟踪他们正在招聘的员工类型（他们正在招聘更多的销售代表吗？还是在裁减这些人）。很自然的，你想了解他们的经营状况。

这些做法都没问题，你当然希望关注竞争对手的情况，尤其是那些在销售机会上击败你，或者因为一系列产品的特性或功能而获胜的对手。但有一些事情不要去做：不要根据你看到别人在做什么而改变自己的策略，不要改变你产品的功能，更不要彻底地改变你的公司，要坚持到底。

原因何在？首先，如果你有一个很好的产品开发流程，它会告诉你应该做什么。你要把产品或服务交付到客户手中，对吗？然后你观察他们如何使用，对不对？这样你就知道他们需要什么、愿意买什么，以及愿意付多少钱。这些发现将有助于你打磨产品，使之更好地适应市场。那么，为什么仅仅因为竞争对手做了不同的事情，你就要改变路线呢？你根本不知道他们是如何做出决定的，他们也许方向正确，也许完全跑偏了，但在大多数情况下，他们所做的任何事都会干扰你的注意力，你不应该让其影响你正在做的事情。

[1] 这是美国职业摔角比赛中的一种规则，即能令对手倒地不起而自己站立不倒者获胜。——译者注

是否必须搬到科技中心？

不一定

那些没有在旧金山、柏林或香港等中心城市落户的科技公司的创始人经常会想，是否应该将公司搬到这些地方去。支持这样做的理由众所周知：这些中心城市聚集了在其他地方找不到的科技人才；你会离投资人更近，更能融入一些人脉网络并遇到可帮助你的人等。比如，我与马克·安德森是在一个共同朋友的生日聚会上相遇的，在那很久之后我和麦金农向他做了融资路演。

但从另一方面来看，在世界上最繁忙的中心城市运营一家初创公司，成本是非常高昂的。例如，已故的创业者谢家华（Tony Hsieh）将他的公司 Zappos 搬到了内华达州，因为他负担不起旧金山湾区高昂的员工费用。在中心城市，对人才的争夺也很激烈。雇用员工的成本要高得多，员工的要求也高。例如，有些热门领域的程序员甚至在考虑参加面试之前就会提出一些基本要求（比如保证有窗户的办公室）。

Zoom 和其他远程工作工具已经非常强大，无论员工在哪里办公，业务都可以继续。很多伟大的公司是在中心城市之外创立的，也有一些则是为了发展而从中心城市搬走。例如：Grubhub 创立于芝加哥；乔希·詹姆斯在犹他州创立了 Omniture 和 Domo；弗雷德·鲁迪的 ServiceNow 始于圣迭戈；杰里米·布鲁姆的 Integrate 在菲尼克斯推出；蕾切尔·卡尔森（Rachel Carlson）将 Guild Education 从旧金山湾区搬到了丹佛，以降低生活成本、提高生活质量，该公司是一家拟上市的初创公司，目前估值近 40 亿美元。

沙桑克·萨塞纳的 VNDLY 总部位于辛辛那提。他发现置身于中心城市之外有几个好处：

- **较低的生活成本。**你的钱在美国中部城市要比在沿海城市用得更久。从招聘员工到租用办公空间，同样的钱你能做更多的事情。

- **有天赋的人才。**"人们低估了这里可用的人才的质量。"萨塞纳说，"仅仅在辛辛那提，就有一批《财富》500强企业的总部，那些打造了价值1 000亿美元的公司的人做了很多正确的事。"此外，所有这些企业都拥有成熟的工程团队。在创立VNDLY之前，萨塞纳自己为Kroger（美国最大的食品杂货公司）搭建了一个电子商务平台，并将团队从9名工程师发展到近400名。

- **接近客户。**"如果你住在美国西海岸，你多久才会乘飞机飞往中西部一次？"萨塞纳问道。"哥伦布、印第安纳波利斯、路易斯维尔和代顿等城市都离我不到2.5小时的车程，芝加哥和纳什维尔是4.5小时车程。"在这样大小的一个区域里，找到早期用户并建立客户群要容易得多。

但是，你也会面临一些挑战：

- **你需要的各种专家不一定都有。**辛辛那提地区有大量才华横溢的开发人员（以至于很多美国西海岸的公司在那里设立了分支机构），然而，"如果你想要的是开发过已经商用的SaaS引擎（意思是一个用于识别大客户和向其推销的复杂销售流程）的人，那在这里没人具备这种深度的经验。"

- **开发人员倾向于规避风险。**大型中心城市有很多冒险者，为了能到令人兴奋的初创公司工作，他们可以接受减薪，但在其他城市则不然。"我的一位顶级开发人员年龄稍大了一点，他有妻子和两个孩子；他在郊区买了一栋房子，还有抵押贷款要还。"萨塞纳说。要吸引这类人才为你工作，你必须让公司的状况极度透明，公司的状况本身也必须稳定（比如账上有很多现金），这样才能让这类员工有信心放弃更稳定的工作。

见解

你要处理每一位客户遇到的问题。有时产品的某个地方出了状况，你不能惊慌失措地大喊"我们完蛋了"，然后跑掉。你必须能够承受打击。你的客户有时可能需要对你表达不满，这没关系。我们的客户往往是IT部门，他们也有自己的客户。他们从自己的用户那里收到了同样严厉的反馈，有时他们只是需要转移沮丧和愤怒的情绪。通常，你只需要倾听，保持诚实和透明，并让他们知道你打算如何解决这个问题，就会使你走向成功。

——帕克·哈里斯
Salesforce 公司

第9章

溃 败

2000年，我是一家前途光明的初创公司的第一名员工，这家公司想帮助《财富》500强企业在拉丁美洲部署电子商务平台。我搬到了阿根廷的布宜诺斯艾利斯，在那里设立公司的办事处。这是一份理想的工作，当时我23岁，获得了一个巨大的机会。整个世界都需要转向数字销售，但大多数帮助产业实现这一转变的公司都集中在美国。这份工作是一个得以在早期阶段进入并在整个拉美地区产生巨大影响力的机会。

但很快，这家初创公司就出现了严重的问题。首先，我们没有战略规划。当时没有销售团队，所以我们不是有条不紊地搭建业务渠道，而是艰难地签下一份合同再奋战另一份。其次，在内部，我们的文化被分为“美国人”和其他人。我的好朋友本顿·莫耶（Benton Moyer）是公司的两位联合创始人之一，他尽了最大努力维持公司的运转，但另一位联合创始人兼CEO与大家并没有太多的交流。我们总是对公司的状况感到不确定。

后来情况变得更糟了。2000年互联网泡沫破裂以及随后的“9·11”事件，使我们瞄准的《财富》500强企业支出减少。然后在2001年12月，阿根廷爆发了动乱。政府垮台、金融部门崩溃，在银行限制了所有公司的取款额度之后，我不得不每天早上去ATM机提取足够的现金，只为支付程序员当天的工作报酬。最终我决定，不能每天早晨背着装满美元的背包穿过抗议的人群，我挫败地低下头，向莫耶表示歉意并提出辞职。

一家拥有更卓越领导力及更强健文化的强大公司可能会幸存下来。

很多新手创始人认为，建立初创公司的轨迹是一条直线：你先是花时间在“发现阶段”上，打磨产品和商业模式，这些问题一旦解决了，剩下的就是增长、增长、增长。

事实上，大多数公司至少有过一次濒死的体验。有的公司体验过多次。例如，你可能遭受你无法控制的外部因素的打击，比如“9·11”事件、新冠疫情等；或者，你公司的战略可能是建立在一个第三方平台上（比如 Facebook、谷歌等），而这个平台突然改变了算法，使你这样的公司丧失了优势；或者，你可能意识到自己拥有合适的产品，但客户的选择存在偏差（这就是 Okta 和 Udacity 的故事，我将在本章进行介绍）；或者，公司账上的钱快花完了，而你没有办法募集更多的钱（这就是 Loudcloud 的故事，本章也会介绍）；或者，你意识到过去几年你一直在打造客户喜爱的产品，但没有可持续的商业模式（Tiny Speck 的故事，本章也会介绍）。

事实上，大多数公司至少有过一次濒死的体验。

业内人士通常把这些生存危机称为“转型”。这是一个温和的词语，掩盖了一家公司努力挽救其沉没命运时的混乱、恐惧和疯狂。还有一种更糟糕的情况：你作为创始人，必须面对这样一个现实，即你不再是执掌公司的合适人选。ServiceNow 的弗雷德·鲁迪经历过这种情况，我也会给你讲述他的故事。

具有讽刺意味的是，正是那些让一个人成为伟大企业家的品质，会导致其陷入困境。创业者天生的自信和无情的决心，使他们能够战胜那些让别人感到恐惧的困难，养成他们不理会反对声音的习惯，因此他们有时意识不到公司确实偏离了轨道，直到为时已晚。

再加上人类渴望规避因承认自己犯错而产生的极其强烈的情绪，如失败的羞耻感、给员工和投资人造成的伤害，以及因别人生你气而感到痛苦等。因此，很多创业者在明知公司需要改变之后很久，仍然一味前进。

当你最终陷入这些危机之中时，你要知道这是你经历过的最痛苦的体验之一：

- **你会怀疑公司能否变革成功。**

  你有足够的资金来完成方向的转变吗？在你刚承认自己之前的“辉煌愿景”大错特错之后，你能否说服投资人给你更多的资金？在银行账户枯竭之前，你能否从新的方向获得足够的收入？

- **你会担心每个人都恨你。**

  有些人可能会。你的员工可能想知道，为什么你让他们如此努力地开发一款产品，而现在你却告诉他们这款产品永远都不会成功？如果他们是降薪加入你的创业公司，希望获得股权价值的补偿，那么当公司市值暴跌时，他们会非常愤怒。你的投资人呢？如果你选对了合适的投资人，他们会一直支持你，帮助你找到出路；但是很多投资人会很生气，准备好接受他们的痛责吧。[1]

- **你会害怕自己看起来像个白痴。**

  你很可能会这样。在 Slack 公司取得惊人的成功之前，斯图尔特·巴特菲尔德（Stewart Butterfield）遭遇过 Tiny Speck 公司的惊人失败。“我曾向媒体宣称我们要做所有那些事情。”他回忆道，然后，他不得不向全世界承认自己错了。这样有趣吗？一点也不。

正是在这个阶段，你关键的创业者素质开始发挥作用。阳光灿烂的时候，任何人都可以成为伟大的领导者；但要想在几百米高的海浪和狂风中渡过难关，创始人唯一的办法就是具备我们在本书开头讨论过的那些关键特质：韧性、天生的驱动力、在不确定性中茁壮成长的能力、自律和自信。

面对溃败的局面，最好的准备就是做好心理上的准备。首先，要知道这是普遍现象，它并不意味着要对你的创业者资格进行全民公决；其次，当危机来袭时，你能做的最好的事情，就是接受这个事实，即你初创公司所经历的这段时期只是整个创业旅程的一部分；最后，调整策略，保持专注，继续前进。

[1] 顺便说一下，这就是为什么明智地选择投资人很重要。因为这种结局是很可能出现的，所以要选择那些愿意与你一起渡过难关的支持者，而不是那些拿起电话质问你“我的钱去哪儿了”的人。

商业中唯一不可饶恕的罪恶

提示：与该死的钱有关

作为一名创始人，你可能认为自己肩负着多项工作：开发一款令人惊叹的产品；找到一个好的商业模式；招聘明星员工；打造一家运营良好的公司……

但实际上，你最终只有一项工作，如果这项工作失败，其他的一切就都不重要了。这项工作就是：不要把钱花光了。ITT 公司的传奇 CEO 哈罗德·吉宁（Harold Geneen）是 20 世纪 60 和 70 年代最重要的商业领袖之一，有人把他比作巴顿将军和拿破仑，他有一句话说得很好："商业中唯一不可饶恕的罪恶就是耗尽现金。"

在本章的后面，我会告诉你本·霍洛维茨在 21 世纪早期作为 Loudcloud 公司的联合创始人兼 CEO 的经历。你将了解到，在公司资金即将耗尽又找不到新投资人的情况下，融资的唯一途径似乎就是上市。在霍洛维茨看来，这种做法很荒谬，他对董事会说，像这样一家千疮百孔的公司，不应该把自己定位成华尔街的一笔伟大投资。接下来发生了什么呢？他告诉我：

"我的朋友比尔·坎贝尔（Bill Campbell）是董事会成员，他说：'霍洛维茨，这与钱无关。'

"我说：'哦，好吧。'

"然后他说：'这与该死的钱有关。'"

他的意思是：如果你没有钱，你就什么都没有。谁在乎你想上市的时候看起来是不是像个混蛋？如果没有其他选择，那就把你手上的牌打好吧，最坏的情况能是什么呢？

我并不是建议你将自己逼入困境，然后疯狂尝试以期奏效。要记住，作为创始人兼 CEO，你的首要工作是确保公司永远不会缺钱。分清轻重缓急并做出相应决定，别把钱花光了。

崩溃历史 1

Udacity 的转型

追逐错误的客户

2019 年，Udacity 决定大幅调整发展方向。8 年来，该公司一直被认为是实现高质量教育民主化和大众化的先驱。其创始人塞巴斯蒂安·特伦受到可汗学院（Khan Academy）的启发，在将自己的斯坦福大学人工智能课程传到网上并获得巨大反响后，他决定创立一家公司，为人们提供一流的教育，而学费仅为斯坦福大学的零头。

但是，他最初的愿景没有实现。“我太理想化了。”特伦说。一年后，Udacity 不得不转向按需职业培训模式，因为大学和教师不愿意为学生提供几乎免费的大学学分课程。这种新模式得到了早期用户的青睐，但最终个人消费者的兴趣趋于稳定。与此同时，越来越多的公司有兴趣向 Udacity 支付费用，为自家员工获得培训服务。特伦说：“我们花了一段时间才意识到，企业市场带来了更好的业务。”他虽然仍在 Udacity 担任执行董事长，但最终放弃了 CEO 的职位，将精力放到自己的飞行汽车公司 Kittyhawk 上。

Udacity 启动了一个大规模的计划来重组公司，以推进面向企业的业务。这一举动登上了新闻头条，尤其是作为重组的一部分，Udacity 不得不裁员 20%。但事实证明，这是正确的选择。到 2020 年，该公司终于实现盈利。在 7 家电信巨头中，有 5 家使用 Udacity 的服务；在美国排名前 200 位的公司中，有一半是 Udacity 的客户；在埃及等国则由政府出资，让 Udacity 为成千上万的学生提供技术技能方面的培训。在个人消费者中，Udacity 的毕业率约为 35%；但在企业客户中，这一比例高达 80%。特伦说：“我想帮助人们找到更好的工作。当我们深入企业内部去接触学生时，更容易令他们投入。”

转型在初创公司中很常见，原因很简单：除非进入市场，否则你永远也不知道自己的机会在哪里。在商业世界和一些会议上，人们不带感情地讨论转型，似乎转型只不过是这里改变一点、那里调整一点。但实际上，转型会造成巨大的动荡和痛苦。你必须对公司整体进行重新设计，并且往往还要解雇大量员工，才能让公司重定位到新的方向。公司转型没有路线图，但特伦在实践中总结出了 7 条经验：

- **市场是不合逻辑的，所以要倾听客户的声音。**“要说服自己相信市场需要你打造的完美产品，是非常容易的。”特伦说。但事实却并不一定像你所相信的那样。“Udacity 的学费大约 1 000 美元，远低于社区大学。我们的数据显示，你有 88% 的机会找到一份新工作，而且平均收入会增加 2.4 万美元。”然而，大多数学生仍然选择去社区大学。他解释说：“数学并不能决定消费者的行为。”所以，你需要一直专注于你的客户，他们会引领你走上你需要走的路。

- **认识到需要转型，所花的时间通常比你想象的更长。**“事后看来，转变是很明显的。”特伦说，“但身处其中，就像置身于股市一样，你很难决定该选择哪只股票。”在他们最终启动之前，

Udacity 的新 CEO 和董事会就转向企业客户的问题讨论了大约一年时间。“所有的公司都会说，自己本可以更快地转型。”

- **招聘更多的人不会解决市场的问题。**“当看到个人消费者的兴趣在下降时，我们试图招聘更多的销售人员。”特伦说，“但我们的问题不在执行方面，而在于市场反应方面，更多的销售人员无法解决问题。”

- **对融资的需要可能是一种强制作用。**2017 年，Udacity 准备再次冲击资本市场。特伦说：“当启动融资时，你必须向投资人介绍自己，而介绍自己的最佳方式就是告诉投资人你拥有一家快速增长、有盈利能力的公司。”这迫使领导团队去认真审视公司未来增长的真正来源。

- **你可能得改造你的整个组织。**转型并不意味着仅仅调整你的产品或服务，你公司的大部分都必须重置，你的市场营销策略、销售方式也会改变。要准备好进行一场大规模的改造。

- **你应该对你的员工保持透明。**为初创公司提供裁员建议的律师通常告诉 CEO 们，在宣布调整之前，一切都要保密。特伦在 Udacity 就是这么做的，但他对此感到后悔。“这造成了很多的痛苦。某一天员工来上班，却发现自己失业了。”他说。后来，当特伦不得不在 Kittyhawk 实施裁员时，他采取了相反的做法。“从第一天开始，我就让所有员工参与进来。我告诉他们：‘董事会做出了这个决定，而我想让你们知道。因为这可能会影响你们的生活。’”他说，“如果员工信任你，你也要信任他们。如果你把他们当成合作伙伴，他们就会像合作伙伴一样行事。”

- **很多人会离开，甚至是主动离开。**非常适合公司新方向的人可能仍然会决定离开。Udacity 的调整启动两年之后，只剩一名高管团队成员留了下来。“这对员工来说很残酷。”特伦说，“如果你告诉员工，他们倾注了热情、时间，有时甚至是身份认同的东西，实际上是错的，而另一个新事物才是正确的，对一些人来说确实很难接受。”

“如果员工信任你，你也要信任他们。如果你把他们当成合作伙伴，他们就会像合作伙伴一样行事。”

崩溃历史 2

Okta 的转型

瞄准规模不合适的公司

我和麦金农从一开始就瞄准了错误的客户，这个错误在 2011 年那个糟糕的年份里几乎让公司陷入绝境，使得我们需要对整个公司进行彻底的改造。我们犯错的原因很简单：只有那些“错误的客户”肯接我们的电话。

我们想打造的第一款产品，功能是帮助公司管理其员工访问网络 App。正如我之前提到过的，我和麦金农在 Salesforce 工作的经历告诉我们，这种产品是有需求的。但我们必须找到能够指导我们、让我们了解他们希望这款产品如何运作的客户。如果你是一家默默无闻的小型初创公司，那么接你电话的更有可能是中小型企业（所谓的 SMBs）的 IT 主管，而不是《财富》500 强企业的 CTO。所以我们去了有可能受到欢迎的地方，打算从那里开始。

我们有一个很好的理由按照这种方式起步：因为我们在 Salesforce 看到了它的效果。10 年前，Salesforce 刚成立时，计划用新的、基于云端的系统取代内部部署的软件（后者由 Siebel Systems 公司这样的巨头提供）。Salesforce 的 CEO 马克・贝尼奥夫非常聪明，他知道必须给企业级客户提供确凿的证据，证明 Salesforce 可以改善它们销售团队的运作，为它们节省大量成本。要做到这一点，唯一的办法就是从小处着手，即从中小型企业做起，然后逐步做大。

我和麦金农以为同样的方法也适用于 Okta。但 Salesforce 与我们之间存在一些关键的区别。Salesforce 是一款客户关系管理（CRM）软件，帮助销售团队管理销售线索和期望客户。在 Salesforce 出现之前，市场里已经存在很多糟糕的产品，企业的销售主管们很痛恨它们。因此，Salesforce 会首先接触各种各样的销售经理，他们有购买简单产品的权力和预算。一旦某家公司有大量的团队签约使用，Salesforce 就会找到该公司的 CIO，询问他是否希望将所有的需求整合到一份合同之中，并强调这样做可以给公司提供更好的整体价格和使用该系统的标准方法，对方通常都会答应。

我们不能在 Okta 采取这种方法。因为身份管理不是由单个团队负责的，而是由公司的 IT 部门统一监管。这就是我们面临窘境的原因：同意接我们电话的都是小公司的 IT 主管，但他们在这个问题上没有经历过痛苦；有这种痛苦的是大企业的 CIO，但他们又不会接我们的电话。

我们追随 Salesforce 脚步的绝妙想法，差点要了我们的命。当你聚焦于中小型企业客户时，公司的整体架构和人员配备都与追逐大型企业客户时是不同的。你需要不同类型的人，拥有不同的专业能力，尤其是营销和销售方面的能力；你要提供不同的产品，设置不同的内部流程，发展不同的品牌信息。所以，当我和麦金农最终意识到我们一直在追逐错误的客户时，我们不得不解散已经建立的组织，开始建立一个全新的组织。

但我和麦金农花了一段时间才意识到这是我们所需要做的。与其他创始人一样，我们对自己的愿景“非常自信”。出现严重问题的最早迹象之一，是我们最资深的几名程序员离开了公司。我们知道自己在销售方面举步维艰，但当业绩记录良好的资深员工对你失去信心时，就是敲响了警钟，即你可能存在更深层次的问题。

直到 2011 年秋天，在那次痛苦的董事会会议之后，我和麦金农才承认我们需要改变方向。我们开始着手联系大企业客户，并开始寻找有经验的销售副总裁。当这个人最终在 2012 年加入公司之后，他设计了行动计划，并打造了一支销售机器般的队伍，让我们获得发展的动力并实现增长。

现在，如果让我给正在经历同样状况的创业者提建议，我会告诉他们：

- **对所有人都要诚实，尤其是对你自己。**直到 2011 年秋天，我和麦金农才真正让我们的团队知道情况有多糟糕。如果我们早一点与他们分享情况，他们本可以帮助我们更快地找到问题的根源，并确定可能的解决方案。当你将真实的信息告诉他们，让他们有机会真正对公司产生影响时，你会惊讶地发现有很多人团结在你的周围。

- **分析并制订计划。**你也知道，一遍又一遍地重复同样的事情却期待不同的结果，这是一种精神错乱的表现。（我和麦金农本该早一点发现我们的计划行不通。）接下来，做分析时动作要快。你没时间做 30 个数据点的回归分析，你要合理猜测问题出在哪里，然后制订一个计划去解决它。

- **致力于新计划，并且只致力于新计划。**一旦你明确了自己需要做什么（在我们的案例中，是将销售对象从中小型企业转为大型企业），就要坚定不移地去执行。你没有时间和资金同时走两条路，你越快弃掉第一条船、跳上第二条船，就越不可能沉入水里。

- **对你的团队指令要非常明确。**抗拒改变是人的天性，所以，如果你作为领导者对公司需要做什么所给出的信号模糊不清，你的员工就会默认去做他们一直在做的事情，毕竟做这些事情更熟悉、更舒适。所以，你必须要非常明确地指出：公司正在改变方向，每个人都要开始走上新的道路。

- **当心糟糕的模式匹配。**让我们陷入困境的，是以为自己可以照着 Salesforce 的方法做，因为模式匹配很有诱惑力。通常，模式匹配可以帮助你更快地做出决定，而且是足够好的决定，但当风险很高的时候，你需要养成一种习惯，即对自己打算依赖的任何模式保持质疑。

我们追随 Salesforce 脚步的绝妙想法，差点要了我们的命。

崩溃历史 3

Loudcloud 的故事

钱几乎耗尽了

2001 年，本 · 霍洛维茨于两年前联合创立的 SaaS 公司 Loudcloud 陷入低谷。此前，这家为 B2B 电商提供基础设施的公司一直发展得很好。“我们在第三季度实现了 2 700 万美元的预定额，那时公司起步才 9 个月。”霍洛维茨回忆道。2000 年春天，互联网泡沫破灭。霍洛维茨本来计划筹集更多资金（他们花钱的速度太快了），但风投行业突然开始捂紧口袋。“到处都是世界末日的景象。”他说。到 2000 年年底，公司账上的现金只够维持约 5 个月了。

融资的唯一途径是上市。这个想法不是凭空产生的，鉴于自己出色的表现，Loudcloud 已经开始制订 IPO 计划。但现在，这个想法似乎很荒谬。“我们无法预测销售状况，也无法预测预定额，很多客户都要破产了，而我们公司可能需要换掉一批高管。”霍洛维茨说。不过，与董事会的一次谈话让他意识到自己只能选择要么上市，要么宣布破产。

Loudcloud 将股票定价为每股 10 美元，这是可能的最低发行价，而且前提还是不涉足霍洛维茨想要吸引的那些金融机构所关注的领域。即便如此，公司也不得不通过反向拆分股票（使股份更少）的方式来达到这个目标，这让其员工深感恐惧。“他们没有意识到事情有多糟糕，”霍洛维茨说，“他们觉得我没有告诉他们真相。”在路演时，投资人并未表现出特别的热情。纳斯达克指数正在暴跌，科技股是拖累行情的“锚”。在霍洛维茨做路演的 3 个星期里，Loudcloud 的“可比公司”市值被腰斩。参与 Loudcloud 上市的一位银行家后来告诉霍洛维茨，那是他“这辈子经历过的最糟糕的事”;《商业周刊》（*Businessweek*）则称之为“来自地狱的 IPO”。

尽管困难重重，Loudcloud 还是上市了。新注入的资金让它可以再多活一些时间，但困境并没有结束，就某些方面来说，最糟糕的时刻还在后面。

即便注入了新资金，Loudcloud 的业务仍在螺旋式下滑。随着互联网公司一波又一波地倒闭，潜在客户开始退缩。“（对企业来说）将基础设施外包给一家硅谷的新型公司太危险了。”霍洛维茨说。当 Loudcloud 宣布无法实现预期收益时，它的股价跌至每股 2 美元。随后，“9 · 11”事件发生了，经济陷入了更深层次的混乱。两周后，Loudcloud 最大的竞争对手破产了，而它的估值曾一度高达 500 亿美元。

霍洛维茨开始失眠，他无法想象 Loudcloud 如何才能活下去。让所有的人赔钱、让自己的员工在缺乏工作机会的经济环境中流落街头、眼睁睁地看着自己的声誉灰飞烟灭……一想到这些他就备受煎熬，很多创始人最终都会发现自己陷入这种境地。当他们意识到自己的美好愿景正在变成一场连环相撞的车祸时，就会蜷缩成一团，绝望地寻找出路。

面对迫在眉睫的毁灭，霍洛维茨做了一些激进的事。他问自己：如果公司已经破产了会怎样？如果车祸已经发生了呢？下一步我该做什么？

答案很简单：放弃为客户托管软件的业务，这部分业务没人感兴趣（但它是公司当时的主营业务），转而买下 Loudcloud 开发的软件，组建一家新公司，直接向客户销售该产品，让客户进行自主管理。那些不愿意将基础设施交托给 Loudcloud 管理的公司，仍然希望获得优秀的软件来实现自主管理。因此，霍洛维茨启动了一个项目，将该软件与 Loudcloud 的其余部分进行切割。

唯一的问题是钱又快用完了。霍洛维茨知道将软件剥离出去需要多少钱，于是他拼凑了一个计划去筹资。然而，就在他会见潜在贷款人的前一天，公司最大的客户告诉他自己要破产了。由此造成的收入损失毁掉了他获得外部资金的可能性。

霍洛维茨又匆忙启动一项新计划——尽快为公司的托管业务找到买家。到了夏天，交易达成了。出售为 Opsware（拆分后公司的新名字）公司带来了足够的资金，用于开展新的纯软件业务。自 1999 年年末以来，他第一次松了一口气。

但这种情况没有持续太久。华尔街不理解他为什么要卖掉公司的创收业务。Opsware 的股价跌至每股 0.35 美元，随后公司面临更多的裁员。又苦干了 5 年，霍洛维茨的豪赌才获得回报：2007 年，惠普公司以 16.5 亿美元的价格收购了 Opsware。

在公司出售后不久，霍洛维茨接到一家私募机构的电话，对方想聘用他，对方说："我们从事的是重振资本，我们研究了过去 30 年来的每一次技术重振，其中最成功的一次就是 Loudcloud 转型为 Opsware。"霍洛维茨拒绝了。"你们知道吗？是我先把事情搞砸了的。"他说。霍洛维茨的诚实值得表扬。他从这次经历中学到了很多，以下是 6 个要点：

- **某一天你有了一款优秀的产品，但第二天又没有了。**"产品与市场的契合是短暂的，但从没有人这么说过。"霍洛维茨说。要不是互联网泡沫破裂，Loudcloud 可能已经成功了。其他的危机，情况也一样，很多初创公司在受到外部力量冲击前表现都很好。永远不要因为现在一切都很好就认为这种状态必然会一直保持下去。

- **Loudcloud 的开支使其变得很脆弱。**公司通常根据未来收入的预测来制订开支计划，但这些预测通常基于过去的业绩表现。在互联网泡沫破裂后，霍洛维茨所做的计划依然以 2 700 万美元的季度收入为依据。"这就是我们面临窘境的原因。"他说。如果公司能早点修改开支计划，它最终可能就不会陷入这样的困境中。

- **一旦陷入困境，你必须毫不动摇地设法摆脱。**当 Loudcloud 的数百名员工意识到情况有多么糟糕时，他们非常愤怒。霍洛维茨可以感同身受，但他不能分心。"你必须专注于下一步行动，因为这一步就是你的全部。"他说。

- **在糟糕的选择和可怕的选择之间，你必须选一个。**商学院的案例研究让人们觉得，领导者要面对的状况是一个好的选择和一个不太好的选择。"那是胡说八道。"霍洛维茨说。一旦陷入困境，所有的选择都很糟糕。在心理上你将面临难以置信的困难，"做出重大改变对每个人来说都是一种创伤。"他说。但如果这种改变能带来更大的成功概率，你就必须鼓起勇气去做。

- **你应该坦率地告诉你的团队失败的原因所在。**当你站在员工面前告诉他们当前的道路不再可行时，你需要毫不含糊地承认你最初的愿景失败了，即使喘口气之后你又要说服他们相信"现在希望公司团结起来"。"这是最难解决的领导力问题之一。"霍洛维茨说，"大多数人都做不到。"不过，你的正直是你现在拥有的唯一资本，它至少会让一些员工给你第二次机会。如果你捏造事实，他们会知道的。"那时候创始人就彻底失去公司了。"霍洛维茨说。

- **有疑问时，反过来思考。**在霍洛维茨的故事中，我最欣赏的是他会停下来问自己"如果一切都已经毁灭了会怎么样"。把自己放在那种心境下会解放思维，让你把事情看清楚。如果没什么可挽救的，那你会怎么做？

崩溃历史 4

Tiny Speck 的真实死亡体验

知道什么时候该认输

没有哪位创始人愿意放弃，大多数创始人在心理上被设定成了“劲量小兔”[1]：不管发生什么，他们都会继续坚持。对于创始人来说坚持是一项必备的重要品质，除非坚持不再重要。

大多数情况下，初创公司倒闭是因为钱花光了，创始人根本没有任何其他前路可走。他们像本·霍洛维茨那样寻找资金，但一无所获。当银行的账户里什么都没有时，他们不得不放弃。

因此，只有非同寻常的人才能认识到，即使手头还有大量现金，继续下去也是没有意义的。斯图尔特·巴特菲尔德就是这样一名非同寻常的创始人，他关闭了自己的创业公司。巴特菲尔德是 21 世纪初期的图片托管公司 Flickr 的联合创始人之一，当这家公司被卖给雅虎后他干得很出色。几年后，他离开雅虎，创立了一家名为 Tiny Speck 的游戏公司。

Tiny Speck 在 2011 年推出了一款游戏 Glitch。这是一款宏大的多人游戏，它突破了人们对游戏玩法的想象。但这款游戏需要大量资源的支持，到 2012 年，巴特菲尔德发现，它并没有吸引到足够的付费客户，以致公司无法盈利。

在这种时刻，很多创始人都想继续坚持下去。毕竟，Tiny Speck 的银行账户里还有很多钱，而惯性的力量也很强。巴特菲尔德说：“有一系列的力量让人不愿意认输。首先，这很丢脸。我曾向媒体宣称会做到所有这些事情，我会让玩家们兴奋起来，还要从投资人那里拿到钱。”其次，还要考虑公司的员工问题。“我曾劝说几名员工，让他们彻底改变了自己的生活。”巴特菲尔德记得，他曾说服一位员工搬到加拿大的温哥华，Tiny Speck 在那里有一间办公室。“他有一个年幼的女儿，3 个月前，我劝说他搬离帮他照顾孩子的岳父母家，自己买了一套房子。现在我却不得不告诉他‘你已经失业了’。”巴特菲尔德说，“我一看到他的眼睛，就哭了出来。”

大多数创始人处于巴特菲尔德的这种情况时，都会想尽各种办法来避免关闭公司。他们也许会招聘更多人，或者加大广告投放力度，或者更糟，即试图筹集更多资金（可能是按照非常苛刻的条款）。

然而，对巴特菲尔德来说，有一件事让他意识到该让公司停止了：他对公司不再信任。“创始人们总是有疑虑和恐惧。”他说，“但他们确实相信自己的愿景是可以实现的。”在一个不眠之夜，当他在凌晨两点仍辗转反侧时，他终于接受了自己的信仰已经逝去的事实。“我意识到，如果我作为 CEO 不再信任公司，那它就无法成功。成功不会自然地实现，”他说，“董事会无法让它成功，员工也不能。只有领导者深信不疑，才是成功的必要条件。”第二天，他召集了他的联合创始人和董事会成员，告诉了他们自己的决定。

在手头还有钱时做出这个决定有一个好处，那就是巴特菲尔德可以温和地关闭公司。“我们给了每名员工相当丰厚的遣散费。”他说。他们还在自己的网站上创建了一个“请聘用一名天才”的页面，在

[1] 劲量小兔是美国一个著名的广告形象，这只粉红色的小兔一直敲鼓演奏，以展现劲量电池的持久寿命。后来，“劲量小兔”常被人用来形容精力十足、坚持不懈。——译者注

上面发布了美术师、动画师、音效师和其他正在找工作的雇员们的简历和作品集。对于游戏账户余额，他们让用户自行选择：退款、留在 Tiny Speck，或者捐给 3 家慈善机构中的一家。这是一场毁灭性的经历中的一丝亮光，巴特菲尔德说："我们必须用最优雅的方式把事情清理干净。"

虽然 Tiny Speck 没有成功，但巴特菲尔德意识到，它为他的团队打造的一款沟通工具可能会成为独立的业务。当时，很多人都在用谷歌 Chat 之类的聊天服务或 Basecamp 之类的工具，与同事进行工作协调。巴特菲尔德的团队则基于一种叫"互联网中继聊天"或简称"IRC"的古老、非常基础的技术，开发了自己的内部工具。"现代短消息类 App 中的大部分功能，这款工具里都没有，所以我们不断地往里面添加内容。"他说。

在关闭 Tiny Speck 之后，巴特菲尔德和他的联合创始人开始围绕这款工具创立一家新公司，但这其实是一个事后的想法，他们甚至都没有给公司起一个名字。然而，要为这款工具找到一个市场却是一场硬仗。Glitch 是面向个人消费者的一款游戏，而现在这种新技术他们则想把它作为商业工具卖给企业用户，二者是完全不同的两码事。"当我们说它是一个'基于渠道的消息平台'时，根本没有人知道是什么意思。"巴特菲尔德说。很难说服人们进行尝试，"即使是朋友的公司，我们也用了 5 次会议去向他们解释和演示。"

但最终，他们实现了突破。到 2017 年，这款工具已经广为人知。他们的公司在纽约证券交易所上市。"新冠"疫情迫使大量的公司选择远程办公，加速了这款工具的普及。2020 年，这家公司被 Salesforce 以近 280 亿美元的价格收购。

这家公司叫什么名字呢？ Slack。

"我意识到，如果我作为 CEO 不再信任公司，那它就无法成功。"

卸任

是时候放弃 CEO 职位了

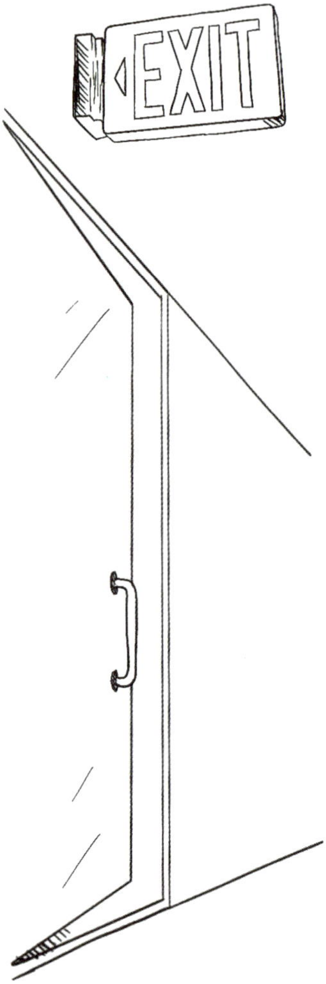

很少有创始人愿意放弃 CEO 的头衔。他们的公司就是他们的孩子，他们想一直看着它成长。当然，自我价值感也在其中起了作用。既然公司是源于你的创意，而你为了让它从无到有付出了无数汗水和不眠之夜，那么你为什么要放弃最高的职位呢？

然而，CEO 确实会被替换——通常是在董事会对其失去信心的时候。优步公司的特拉维斯·卡兰尼克（Travis Kalanick）和 WeWork 公司的亚当·诺依曼（Adam Neumann）就是 CEO 被解雇的两个例子，尽管其中有一些相当复杂的原因。但在不太引人注目的情况下，董事会更换领导人的案例并不罕见。

少数开明的创始人甚至能看到自己什么时候不再适合这份工作。在弗雷德·鲁迪创立 ServiceNow 的 7 年后，该公司现金流为正，年收入约为 1 亿美元。（10 年后，它每年的收入超过 40 亿美元。）公司已经走出了产品修修补补的阶段，开始进入优化运营的发展时期，此时的重点工作是微调内部系统，使公司能够实现真正的成长。

“我的一位投资人问我：‘你想做产品专家还是 CEO？’”鲁迪回忆道。这两种工作有着本质上的区别，特别是当公司规模变大之后。那位投资人告诉他：“无论你选择哪一个，我们都支持你。但我们不认为你能两者兼得。”作为一名训练有素的工程师，鲁迪一直很喜欢打造产品。他已经 50 多岁了，这是他第一次担任 CEO，他不确定接下来的几年会发生什么。他的投资人带他去见了一些 CEO，他们的公司规模与他的差不多或者更大。“我看到了那些家伙每天都在做什么，我告诉投资人：‘我觉得我缺乏那些技能。而更重要的是，我没有兴趣去掌握它们。’”鲁迪说。

不久后，ServiceNow 任命了一名新的 CEO 弗兰克·斯洛特曼（Frank Slootman），他曾是一家数据存储公司的负责人，而鲁迪则开始负责产品方面的工作。他后来在《福布斯》上发表评论表示，自己的选择是正确的："斯洛特曼把我们打造成了一台巨大的、运转良好的机器，以一种我无法具备的方式扩大了公司的规模。"

有些创始人会选择长期执掌自己的公司，比如，比尔·盖茨、马克·扎克伯格、杰夫·贝索斯和我的前老板马克·贝尼奥夫。麦金农在 Okta 也这么做。但对很多人来说，考虑移交接力棒的那一天总会到来。如果出现以下两个主要的迹象，说明时机可能已经到了：

- **你没有下一阶段所需要的动力和决心。**

  你可能会变得感觉迟钝，很难专注于面前的挑战和机遇，"进入状态"越来越难，早晨醒来时不再感觉精力充沛。所有这些都表明，你已经对自己的角色，甚至是对公司整体失去了兴趣。在这一点上，自我价值感成了你的主要障碍。你要意识到，继续留在自己的职位上最终可能会损害公司的利益。当高层的人出现飘忽不定的状态时，员工是可以看出来的，而且这还会影响他们自己的动力。与你的董事会一起设计一项新的职能，以便将你自身独特的优势和兴趣应用到公司上。

- **你正面临严峻的运营挑战。**

  尽管存在巨大的市场机会，但公司业绩的增长却停滞了，或者更糟糕的是甚至出现滑坡。除非存在明显的外部因素或内部因素，否则业绩应该会继续上行，尤其是处在一个巨大且不断增长的市场中。增长放缓可能意味着你没有做出正确的决策，包括聘用合适的人或者运用合适的经营杠杆。所有这些加起来就是同一件事：这项工作的包袱对你来说已经变得太大了。如果你不再是公司的操盘手，那就与董事会一起商量，设计一个更适合自己的小角色。

不要被恐惧击败

"我们有这样一种说法：如果你的内心没有过沸腾，那你就等于没有试过。"

这是本·霍洛维茨对于其公司在 1999 年年底到 2002 年年中这两年半里的状态的描述，当时他最终放弃了 Loudcloud 的托管业务。在那段可怕的日子里，霍洛维茨在 Loudcloud 的联合创始人马克·安德森告诉他："作为一家初创公司的创始人，你只会经历两种情绪：极度兴奋和恐惧。"后来他俩联手创立了用他俩的姓氏命名的风险投资公司。

在情绪最低落的时候，霍洛维茨后悔自己担任了 CEO 一职："我没想过要当 CEO。我们几个朋友一起创立了这家公司，当我问谁来担任 CEO 时，他们说：'你。'"

有一次，霍洛维茨和安德森在与一位投资人会面之后正准备开车离去，投资人提出的交易方案极不合理，根本没必要考虑。但就在那时，霍洛维茨的情绪突然崩溃了。"我转向安德森，对他说：'听着，如果你想让其他任何一个混蛋来管理这家公司，就马上去做，让我离开！我对此没有意见。'"

安德森呆呆地看着他。"从他脸上的表情我可以看出，他没有别的人选。"霍洛维茨说，"我知道自己被困住了。"

"困住"这个说法霍洛维茨之前就用过，用来形容作为创始人的感觉。从他们推出 Loudcloud 的那一天起，一直到最后把公司卖给惠普，他把这全部的经历比作一场充满幽闭恐惧和惊骇的噩梦："你钻进了那辆车，就再也出不来了。"

确实如此。在最糟糕、最令人崩溃、最不堪忍受的时候，你会觉得自己就像是被野心和成功困住的囚犯。如果运气好的话，你将会挺过去，最终找到一些可以保持稳定的方法，你很确定自己不会有事。尽管我的头发变白了不少，但我和麦金农最终还是赢了。无论我们在压力下失去了多少时光，我都不愿意拿那些充满恐惧的日子去换取任何别的东西。

第10章

管理自己

我听过很多人谈论工作与生活的平衡，我认为他们的想法是善意的，但却忽视了一个关键点。经营一家公司非常困难，即使在经济环境好的时候，它也可能是一种折磨。留出私人时间无疑很重要，但你也应该想办法把更多的生活投入到工作中。我喜欢把这视为工作与生活的融合。

比如，我喜欢冰球，作为旧金山湾区联赛的一部分，我每周二晚上都会打到很晚，大多数周日早上则很早开打。这是我在创立 Okta 期间一直在做的事情。踏上冰面，是我清理思路、发泄情绪的一种方式。在这几个小时里，我可以把压力和责任抛诸脑后。

不过，我也试着把冰球融入我的工作中，只要这样做有意义。例如，在出差参加销售会议时，我会定期邀请预期客户、实际客户和投资人与我一起去看比赛。我甚至研究了国家冰球联盟（NHL）的赛程表，有针对性地安排出差。这样做有很多好处：我可以用一种有趣的方式与客户相处，这让 Okta 有别于竞争对手，并且通常会带来更多的业务。

我也会小心翼翼地守护我的家庭时光，除非我不在城里，每天晚上我都会回家与妻子和孩子一起吃饭。到家后，我会把手机放在门厅的桌子上，一直放在那里，直到孩子们上床睡觉。除非情况绝对紧急，我周末一般不接工作电话。我会参加每一次的家长会，即使我在另一座城市，也一定会通过电话会议的方式参加。

人们很容易认为家庭一直存在那里不会变，而任由自己陷入永无止境的工作之中。切换身份并将注意力集中在你的伴侣和孩子身上，这需要自律。工作的需求永远不会停止，但家庭时间既宝贵又短暂。我的孩子们再也不会重回现在这个年龄，我喜欢与他们在一起，我想参与他们的成长过程，给他们提供帮助。因此，我在上游工作上投入时间。比如，招聘真正优秀的人才、确立清晰的目标、让团队拥有自主权并按照自己认为合适的方式执行。这样，当我回家时，就不必担心公司会在我离开的时间内倒闭。

商业界和科技界的人，无休止地谈论融资、产品市场匹配度、设计思维、最新技术、管理技巧、消费趋势等各种事情，但从来不谈如何让自己保持战斗状态。这太疯狂了，创立和经营一家初创公司会让人精疲力尽。所有的创始人都需要制定策略来保持健康，无论是在精神上、情感上，还是在身体上。你肯定不希望公司仅因为你从未抽出时间锻炼或睡觉而垮掉。

创业初期的艰苦生活肯定很难过。不幸的是，创业中途也同样难过，甚至在公司公开上市之后也是如此。我的公司每年能实现超过 10 亿美元的收入，但我仍然会在半夜醒来，满脑子都是工作。在这一章中，我将分享如何照顾好自己的一些建议，其中最重要的一点，是先要意识到自己需要这些。以下是对我很有效的几个做法：

- **找到与你处于相同阶段或略为超前的创始人作伴同行。**

  与其他创业者建立关系，他们会理解你正在经历的事情和需要帮助解决的问题。你的朋友和家人可以提供普通的精神支持，但他们无法像其他创始人那样给予你真正的支持。

- **遵循“氧气面罩”规则。**

  你知道有一条历史悠久的飞行安全建议：“在帮助别人之前，先把你的氧气面罩戴在自己的口鼻上。”如果你不能保持最好的状态，就无法帮助你的公司。安排一些固定的日常活动，来保持自己身体、情绪和精神的健康。

- **休假。**

  你会觉得自己做不到。但你还记得我们之前谈到过的，需要暂停来升级系统或流程吗？有时候你需要自我升级，即使这意味着要远离公司。公司不会就此放慢脚步，因为你打造了一台状况良好的机器，没有你它也能正常运转。这样你就可以给自己充电，让自己在下一段旅程中充满活力。

商业界和科技界的人，无休止地谈论各种事情，但从来不谈如何让自己保持战斗状态。

不要与别人攀比

每家公司都不一样

在 Okta 的创业初期，我和麦金农制作了一份表格，用来跟踪其他初创公司的情况，内容包括：创业启动的年份、融资金额、员工人数、收入和下一年的预测。在朋友聚餐或行业集会上，人们经常会提到其他公司的这些数据。一回到办公室，我就会把新的情报添加到表格里。我们想评估，Okta 与其他公司相比表现如何。

这是一件非常愚蠢的事。

初创公司的创始人往往很好胜，他们当然想知道自己的表现如何。但通往成功的路线图并不是只有一张。每家公司都不一样，个人消费品公司不同于商用产品公司；向小公司销售产品的初创公司，成长方式与面向《财富》100 强企业销售的初创公司不同。把我们追踪的那些信息汇编在一起是没什么价值的。它可能会给你一种错觉，以为自己是在收集一些有用的见解，但事实并非如此。这是浪费时间，浪费一些不应该浪费的时间。

在竞争激烈的赛车运动中，教练让车手“专注于路面，而不是墙壁”。盯着墙壁，你会撞车；要想赢，必须时刻盯着你想让赛车经过的地方。我会分享给新手创始人同样的原则：不要担心其他人在做什么、表现如何。[1]只要关注自己的道路、自己的比赛就好。

[1] 唯一的例外是，如果你做的是商用产品，并且在业务上不断败给竞争对手，因为他们的产品具备一些你的产品所欠缺的具体特性或功能。你要关注这些情况，因为据此你可能知道，该做些什么才能变得有竞争力。

稍微休息一下

在创业初期，你会觉得需要把所有的时间都投在公司上。如果让你选择是花一点时间给朋友打个电话，还是再多写 10 行代码，后者的吸引力会非常大。不过，花 20 分钟与老朋友联系一下，是利用时间的更好方式，部分原因在于：它实际上不仅不会消耗精力，反而能恢复你的能量。

索尔·加藤（Saul Kato）是我最好的朋友之一，他总是对我说：“休息一个晚上吧。”他是一位成功的连续创业者，是加利福尼亚大学旧金山分校的教授，也是我最近参与创办的第二家公司赫罗菲拉斯（Herophilus）的联合创始人（这家公司的业务是探索新的神经疗法）。“浪费一些时间吧。”加藤会说，“好好去看你的冰球比赛，去酒吧喝上一杯，这些是你应得的！”研究表明，在不间断工作的情况下，你的产出会逐步下降。与你的朋友和家人保持接触，甚至是联系一些能让你开怀大笑或精神振奋的泛泛之交，这可以帮你打好基础，使你精神焕发，并让你在投身到下一项工作前全方位重置。

如何重新振作
一位从奥运选手转型而来的创始人的经验

“作为创始人，最困难的事情之一就是管理我们自己的心理状态。”杰里米·布鲁姆说。他在创立 Integrate 公司之前是一名奥林匹克滑雪运动员和职业橄榄球运动员，作为一名初创公司的创始人，他所经历的各种高潮和低谷与他作为一名运动员所经历的没有太大区别。“你早上醒来时，会觉得自己将掌控整个世界，而到了中午时，你会怀疑自己能否支付员工的工资。”

他说得没错，事实就是这样：在同一天里，情绪的过山车经常一辆接着一辆。

布鲁姆是一个了不起的家伙，他赢得过 3 次自由式滑雪世界冠军，包括雪上技巧、空中技巧和 U 型场地。他还参加过两次冬奥会：2002 年获得了第 9 名；2006 年再次参赛时，他努力想登上领奖台，但最终仅获得第 6 名。这对他来说是一次彻底的失望。那么他是怎么处理的呢？他说：“我给自己两天的时间生闷气，然后我就加入了美国职业橄榄球大联盟。”之后的事你应该知道了，他被费城老鹰队选中，并最终踢了两年的职业比赛。

给自己时间消化失败的情绪是很重要的。对布鲁姆来说，在冬奥会之后，他的做法是独自一人躲起来 48 个小时，不断地回想比赛期间发生的一切，以及之前 4 年的备战情况。“我试图将一切都浓缩成最简单的形式，这样我就可以从那次经历中吸取教训。”他说。作为创始人，布鲁姆如今就在运用这一原则。“有时候只需要 10 分钟。”他说，但这是他进行调整的时刻，之后他才能把注意力重新放到首要的事情上。

失败会令人沮丧，人们可能会深陷其中。作为创始人，你必须不断前进。布鲁姆说：“如果我们能够从一次经历中吸取教训，在朝着下一个目标迈进时就会变得更加强大。”

创始人的抑郁

比你想象的还要普遍

事实证明，创始人们患抑郁症的概率比普通人高，但这并不意味着创始人一定会抑郁。当抑郁真的发生时，创始人应该知道，这并不是特别罕见的情况。加利福尼亚大学旧金山分校的迈克尔·弗里曼（Michael Freeman）博士进行的一项研究显示，大约三分之一的创业者表示自己患有抑郁症，差不多是研究对照组的两倍（见图 10–1）。其他一些研究也关注了这个问题。关于创业者是否明显比普通大众有更多的抑郁状况，研究的结果各不相同，但弗里曼博士说，还没有人发现他们的抑郁状况少于普通大众。

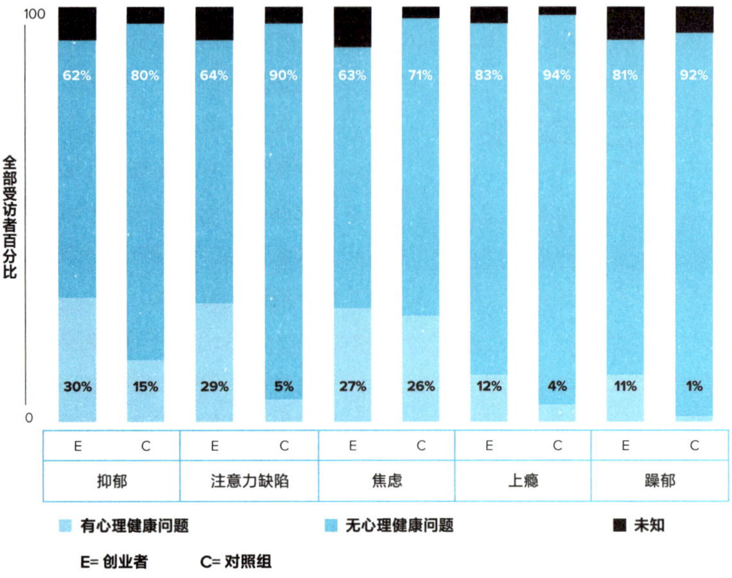

图 10–1　创业者和对照组心理健康问题的终身患病率

资料来源：Michael A. Freeman et al., "The Prevalence and Co-occurrence of Psychiatric Conditions Among Entrepreneurs and Their Families," *Small Business Economics*, 2, August 2019, https://link.springer.com/article/10.1007/s11187-018-0059-8.

这种现象不是由单一因素造成的，弗里曼博士说。虽然很多人都可能有抑郁症的遗传倾向，不管他们从事什么职业，但这从来都不是问题，因为他们从未发现自己处于可能触发抑郁开关的状况里。与之类似的是一些人可能有糖尿病的遗传倾向，但只要他们吃得好，并保持健康的体重，糖尿病可能永远都不会出现。所以，如果你把一个存在抑郁倾向的人放进创业公司的“高压锅”里，抑郁症就可能会被触发。“很多人都过度劳累了。”弗里曼博士说，“他们睡眠不足，吃垃圾食品；他们因为把太多时间花在工作上而被社会孤立；他们可能会与联合创始人发生冲突，可能会被起诉，或者被董事会扫地出门。在某个时刻，他们就越过了临界点。”

其中的一些因素，只不过是可以预料到的创业生涯所给你的独特打击的结果。“当你试图颠覆现状时，有很多力量不想被颠覆。因此，你会遇到阻力，而这种挫折感会打击你的斗志。”弗里曼博士解释道。还有不断地被拒绝，尤其是在公司刚起步的时候。“很多创业者都会犯这样的错误，即把自己个人的身份认同和价值感等同于公司的成功。”他补充道。

当他们向风险投资人做融资路演，却一次又一次地遭到拒绝时，打击是毁灭性的。“如果你看不到投资人拒绝的是你的概念或你的技术，而将他们的拒绝视为对你自身的否定，就可能导致意志消沉和自卑，并最终演变成抑郁。”

我这么说不是为了吓唬你，正好相反，抑郁情绪可能永远也不会影响到你，除非是在特定打击下的个别事件中。如果是这样，你会恢复过来，不会受到持久的影响，但如果上述情况听起来确实与你的情况很像，你要知道，自己并不是唯一一个出现这种问题的人。看看那些出现在论坛上、电视里或杂志报道中的成功的创始人，我可以打赌，其中有很大一部分人都在应对心理健康问题。尽管这个话题很不幸地在业界内尚未得到广泛讨论，但这是意料之中的事。因此，抑郁不是一个障碍，只是某些需要管理的东西。

见解

我觉得打造一家初创公司就像攀登珠穆朗玛峰。我们知道奖品就在峰顶，你必须到达那里。但一个不能改变的事实是，如果你只成功抵达了 3 号营地或 4 号营地[1]，你仍然是一名出色的登山者。你得好好考虑这一点，因为它会给你登顶所需要的额外的动力。你也要花一些时间来欣赏自己，了解自己所做的事情有多么困难，以及尽管历经了很多考验和磨难，你依然做得有多么出色。不然，你很容易被自己打倒。

——亚历克斯·阿塞利
Jawbone 公司

[1] 珠峰 3 号营地海拔约 7 500 米，4 号营地海拔约 7 950 米。——译者注

创业者如何保持战斗状态

走开，放空，重获判断力

沙桑克 · 萨塞纳
VNDLY 公司

我周日早上会打板球。走上球场时，我的注意力就留在球场上，那一刻我只属于那里。创始人们需要有非常明确的暂停时间，让自己可以放空。板球让我在想问题之余有了片刻休息时间，因为我无时无刻不在想工作上的事情，即使是在洗澡时也想。而在板球场上，我的手机被放在 15 米外的长椅上，这时是我断开连接的时间。

玛丽安 · 纳菲茜
Minted 公司

你需要提醒自己：在大多数情况下，这只是一项生意，又不是在救人性命。有时候你需要抽身离开，专注于生活中真正重要的事情。我的孩子们帮助我牢记什么才是真正重要的，他们看待事物的角度很正确。

贾丝明 · 克罗
Goodr 公司

我们的办公室里有自行车，而我们的办公室就位于亚特兰大的环线外侧。那是一条很长的户外街道，我会走出办公室，骑骑自行车。

杰里米 · 布鲁姆
Integrate 公司

睡眠可以治愈情感和身体，我会做 3 件事来确保自己晚上能睡一个好觉。太阳一落山，我就戴上橙色的眼镜。研究表明，各种设备所发出的蓝光会抑制褪黑素的分泌，而褪黑素有助于我们入睡。我还让卧室保持凉爽、黑暗、安静。我保持固定的就寝时间，而在此之前的 3 个小时内我不吃东西。如果吃了，健身跟踪器会显示我的心率上升，这是因为我的身体正在消耗能量消化食物，而不是在修复需要修复的细胞。

时不时错过一个截止日期

有时要顺其自然

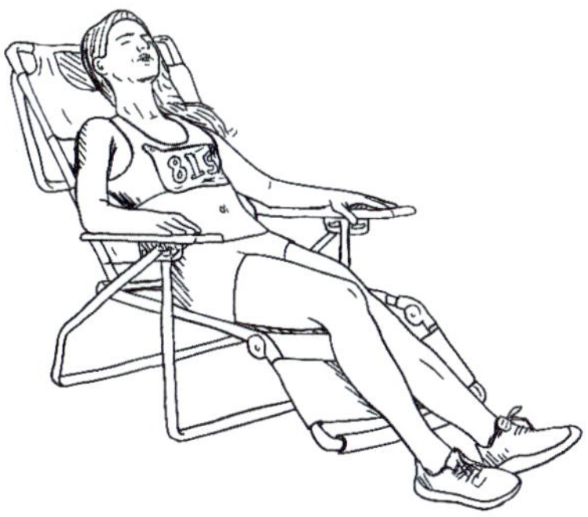

你会一直觉得自己需要全力以赴。你设定截止日期和节点，并说服自己必须按时完成。这是因为你的钱上连着一根导火索，在将东西卖出去之前什么事情也不会发生，你必须将首要的事情放在首位，而首要的事情就是让公司实现成长，即快速的成长。

但有时，放慢脚步也无妨。假设一下：明天公司要发布产品的一个新版本，但除非每个人都疯狂地工作，否则发布工作就不可能如期开展；那么，如果把产品发布推迟到下周，真的会有问题吗？如果推迟意味着你和你的团队可以稍做休息，暂时把头脑和身体从工作中解放出来，去别的地方充充电，那为什么不推迟呢？如果发布日期是任意定的，而且改期也不会有什么大的不同，那就把日期往后推好了。

创业真的是一场马拉松。现在一个对每个人的身心健康都有利的权衡措施，未来必然会得到回报。但不要在重大的事情上这样做，比如，你今年必须实现某一业绩目标、你必须在下一轮融资中筹集到一定金额、你必须在3个月内开设国际办事处等，而对于小一些的事情呢？时不时地允许自己顺其自然吧。

第11章

董事会

我在本书的开头曾告诉过你，本·霍洛维茨给了我两条战术性的建议，它们最终拯救了我们公司。第一条我在前文里谈到过，即我不能同时做多项重要的工作，而且还想把它们做好。现在，我来谈谈第二条建议。正如我之前所说的，2011 年我们的销售业绩惨淡。我们瞄准的中小型公司并不需要我们打造出来的东西，但我们之所以会从这些客户起步，是因为我们认为需要通过它们打下一个健康的基础，然后才能去追逐真正的目标——大企业客户。霍洛维茨告诉我们，这种做法是完全错误的。

这就是初创公司董事会的力量和重要性。董事们应该能够看到一些你没有看到的东西，然后在你偏离轨道时将情况告诉你。

如今，Okta 平台拥有功能广泛的各种产品，但我和麦金农刚开始创业时，我们的产品很少，其中有一款是可以帮助公司管理员工的入职和离职的产品。公司越大，这个管理过程就越复杂，也越痛苦。霍洛维茨指出，小公司不能真正感受到这种痛苦，所以它们不会购买这种产品，而大企业却会面临这种问题，如果我们能想出办法与其决策者接触，他们会毫不犹豫地接受我们的解决方案。

霍洛维茨的观点是对的。但我们缺乏向这些大企业销售产品的经验。他们有数以千计的员工，我们不知道如何确定以哪些高管为目标，以及如何联系他们。

就在那时，霍洛维茨提醒我他所给我的第一条建议：要招聘那些能帮你做你所做不到的事情的人。因此，我们很快招募了一个新的销售团队，并将注意力转向那些规模更大的企业。不出几个月，我们的销售额就有所上升；然后在一年之内，我们实现了指数级的销售增长。得益于董事会，我们成功地活了下来。

创始人有时会将董事会视为一个委员会，定期向其做做报告就完事：你出现在会议室，用幻灯片给董事们介绍公司的情况，他们问了一些问题，然后大家休息、喝咖啡。

根本不是这么回事。董事会成员是公司的战略合作伙伴，他们最大的价值在于提供专业知识，帮你做出最佳的决策。

在本书第 4 章中，我们谈到你应该如何考虑要拿谁的钱。因为你不仅仅是拿了他们的钱，你同时也要让他们成为公司的董事会成员，成为重要的顾问。在这一章中，我们将讨论一个强大的董事会是如何构成的，以及你应该寻求什么样的人进入你的董事会。很多董事会成员最终会与你共事 10 年甚至更长的时间，你需要的是那些渴望坚持到底并能有效帮你取得成功的人。

关于这个话题，我向 Okta 的三位董事会成员寻求到了帮助，他们都有在初创公司和大企业董事会任职的丰富经验：米歇尔·威尔逊（Michelle Wilson），她曾担任亚马逊的高级副总裁兼总法律顾问；谢尔耶·阿尔尚博（Shellye Archambeau），她曾担任 MetricStream 的 CEO，该公司提供企业合规及管理工具，她同时也是威瑞森通信公司（Verizon）和诺德斯特龙公司（Nordstrom）的董事；帕特·格雷迪（Pat Grady），他是红杉资本的合伙人，曾在 20 多家初创公司的董事会任职，包括 Zoom、HubSpot 和 Qualtrics 等公司。

董事会成员是公司的战略合作伙伴，他们最大的价值在于提供专业知识，帮你做出最佳的决策。

董事会的入门知识

你需要了解的基本知识

董事会的主要职责是所谓的“治理和监督”，董事会成员代表股东[1]——公司的集体所有者。当公司还处于私有状态时，他们的职责主要是确保公司高管做出最佳的战略决策，推动公司成长。米歇尔·威尔逊说：“董事会的工作是提升股东价值，并确保公司以整体的方式考虑所有利益相关者。”

这也是风险投资人监管其投资项目的一种手段。他们想知道自己的投资组合中，哪些公司表现良好（因此应该在合伙人会议上讨论，以便为后续的几轮投资预留资金），而哪些公司陷入了困境。

之后，一旦成功上市，公司就必须遵守一些规则，这些规则在美国是由证券交易委员会（SEC）强制执行的。董事会要提供帮助，确保公司遵守这些规则。

董事会成员都有谁？

董事会的组成会随着公司的成长而发生变化。

公司刚刚起步时 在公司创立的初期，董事会的成员只有你和你的联合创始人。与其说它是一个董事会，不如说是一种技术性的决策机制，很多事务必须通过这种机制来进行，包括授予股份和确定高管薪酬等。

首次获得投资人的投资时 董事会由 CEO（通常兼任董事长）、第二位联合创始人（如果有必要的话），以及一两家参与投资的机构的合伙人组成。

公司规模变得更大时（B 轮融资之后） 将开始增加独立董事。他们不是投资人（因此“独立”），他们的技能和经验在公司的成长过程中会特别有用。

[1] 至少在美国是这样。在其他国家，董事会也对其他利益相关者负责。本章仅关注美国的董事会。

董事会做什么

主要的	• 审查公司战略 • 给 CEO 提建议 • 引入外部世界的视角
正式的	• 聘用和解雇 CEO • 批准股票分配方案 • 批准高管薪酬计划 • 批准年度预算 • 批准筹集额外资金的决定 • 批准合并和收购
非正式的	• 推荐潜在客户和合作伙伴 • 面试高级管理职位的候选人

董事会不做什么

- 强迫 CEO 遵循任何特定的战略
- 任何的日常工作或管理

如何打造一个强大的董事会

参考漫威的“复仇者联盟”

董事会成员与高管团队的成员一样重要。我的朋友亚历克斯·阿塞利以前是 Jawbone 公司的创始人，现在是 Elvie 公司的联合创始人兼董事长，后者是一家位于伦敦的女性健康科技创业公司。他将董事会比作漫威的“复仇者联盟”。他说，每位董事会成员都应该有自己的超能力。团结在一起，这个团队应该能够解决任何问题。所以，对于你的投资人（他们通常会安排人加入你的董事会）和你单独增加的独立董事的候选者，你要充分进行考虑。米歇尔·威尔逊说：“你需要的董事，是那些有着合适的加入理由的人，他们希望帮助公司发展，而不是为了给自己的简历增色。”

寻找对你的公司有热情的人

你需要的是一直关心你的公司的人。他们会给你发一些文章的链接，把你介绍给其他投资人，并投入额外的精力为你的问题找到解决方案。

引入了解“旧”世界的董事

创始人有时会避开他们想颠覆的领域中的老手，因为他们担心老派的思维模式会妨碍自己的思考。但这些老手知道限制和障碍在哪里。你不必接受他们对未来的建议，但你需要听听他们对于当下的见解。

至少有一位董事运营过与你的公司类似的公司

你的董事会只有真正了解你所处的领域，才能为你提供真正好的建议。如果你正在打造一家面向企业的公司，董事会中应该有一位曾创立过此类公司的人；如果你正在打造一家个人消费品公司，引入一位精通个人消费类产品的董事。

引入不同背景的董事

包容性强的董事会更善于解决问题，因为董事们能为你所面临的问题带来层次更广的经验和见解。在公司招聘高管时，他们可以利用更广大的人脉网络来帮你，而候选人也可以从你董事会成员的背景结构中看出公司重视各种各样的人才。

引入具备专业技能的人

帕特·格雷迪说："你可能需要一位懂得'走向市场'的董事，这样你的销售和营销团队就能从他那里获得灵感；你也需要了解产品开发和技术的董事，这样你的产品和工程团队可以与他探讨一些创意；作为CEO，你还需要曾经担任过CEO的董事来给你自己提供帮助。"

不要找你的朋友

你需要的是那些会提出尖锐问题并给出无情反馈的人。

不要引入无法相处的人

调查潜在的董事会成员，了解他们是否与当前的董事存在任何矛盾。董事会成员之间关系紧张是一个负面因素。

避开那些不愿意参与深刻讨论的人

你可以让最聪明的人进入你的董事会，但如果他们不能对你说实话，那就没什么用。为什么某位董事在一些事情上会有所保留，原因很多。有时是因为他关注的领域过于分散，有时是因为他对与某位地位较高的董事保持人脉关系更感兴趣（例如为了获得其他好交易的机会）。不管怎样，你都要做尽职调查，确保你的董事们会将他们全部的精力和观点都摆到董事会的台面上。

对每位董事进行尽职调查

针对每一位潜在的董事（包括你有意接受其投资的投资人），去找3家这位潜在的董事在其董事会任过职、且都遇到过严重挑战的初创公司。然后问问这3家公司的创始人，这位董事的作用有多大。他们会让你知道一位董事是否有动力、专注度和慎重的态度，来帮助你度过最具挑战性的时期。

如何与董事会合作

一切都始于会议议程

你与董事会互动的方式主要有两种：一种是定期的董事会会议（一开始可能是每月一次，但最终会变成每季度一次）；另一种是在非固定的场合，你可以私下联系他们，向他们寻求建议或帮助。以下是如何充分利用这两种形式的一些想法。

在董事会会议上

董事会会议并不是简单的做展示和陈述，而是针对公司最重要和最紧迫的问题寻求帮助。下面这些做法将有助于会议的效果：

- **提前一周发出议程。**
  作为董事会主席，制订会议议程是你的责任。提前足够长的时间将议程发给董事们，这样他们才有时间了解情况。记住：在你看来陈旧的信息，对他们来说可能是新鲜的，他们需要时间来消化。

- **把会议的重点放在最重要的战略问题上。**
  新手创始人常犯的一个错误，是在董事会会议上提供公司现状的普通信息。这对你没有任何帮助，而且董事们也不会特别感兴趣，他们最想做的是解决问题或制定战略。所以，你可以把董事会会议想象成一个工作会议，会上要讨论公司正在努力解决的 1 ~ 3 个问题。会议的第一部分可以快速浏览一下公司的整体情况；然后，对每个你需要帮助的问题，都得花上大约 45 分钟时间。

- **不要让一大群高管来介绍最新情况。**

  创始人有时会让公司的高管们出席董事会会议，这既是对他们出色工作的奖励，也是让他们获得与董事会合作经验的机会。但请你不要这么做，因为这会浪费你的时间，妨碍你聚焦于最具战略意义的挑战。

- **随着公司规模的扩大，要删减演示幻灯片。**

  创始人们通常习惯于在每次会议上使用相同的模板。随着公司的发展，他们会不断为新的业务添加新的幻灯片，不知不觉可能就累积到 50 页之多。删减！“设计演示的内容与策划交流一样重要。”帕特 · 格雷迪说。要养成习惯，删掉那些不再重要的幻灯片。“除非你有意识地不去谈论某件事，否则你会成为惯性的牺牲品。”他补充道。

- **（可选）针对每个战略问题写一份叙述性内容。**

  大多数董事会会议中使用的主要文件都是演示幻灯片，但孤立的数据碎片或简短的要点无法传达问题的细微之处和复杂性。如果你有灵感，可以坐下来写一份 3 ~ 5 页的概要，如果不能阐述全部的话，阐述至少一个你正在努力解决的问题，然后连同演示幻灯片一起发给董事们。我在麦金农身上看到这种做法起到了非常好的效果，这让董事会对他最关心的事情有清晰的认识。“书面陈述能真正体现你对这些数据的看法，以及你作为公司的运营者所关心的问题。”格雷迪解释说，“它也能让你确保自己真正理解了问题，并已做好讨论的准备。”

在董事会会议之外

你可以在正式会议之外联系董事会成员。大多数董事都乐意接到创始人打来的电话，寻求与他们各自关注的领域相关的帮助。在创业的早期，当董事会成员只有你和你的联合创始人时，你会发现自己可能每天都在与投资人联系。“我并不认为每天都想打电话不合理。”格雷迪说,“在这一点上，董事会成员就像是联合创始人。”在其他情况下，当一位董事会成员很忙时，你必须更有策略地考虑何时与其联系。而不管在什么情况下，都要确保你们的谈话内容紧紧围绕重点，围绕你就某个具体问题所寻求的帮助。你要有效地利用他们的时间。

董事会多数票并不重要

直到面临重要决策

新的初创公司创始人经常问我两个问题：其一是董事会成员的数量是否应该设置为奇数（这样就永远不会出现票数相等的情况）；其二是应不应该确保大多数董事都是“友好的”，即会在重要事件的投票中支持创始人。

我告诉他们：不要担心。

理论上，董事会通过投票来做出决策，然而实际上投票只是一种形式。如果你引入了优秀的董事，并且与他们合作得很好，你们的目标就应该会一致。在Okta还是一家私有公司的时候，除了正式批准融资计划和股权授予之外，董事会好像从没有就其他任何事情进行过投票。[1] 我们一般是通过讨论的方式做出决策，这在初创公司很常见。如果你发现自己的董事会分歧如此严重，以至于需要通过投票来解决问题，那你就遇到了一个比董事会成员数量更严重的基础性问题。

我唯一听说过的创业公司董事会举行投票的情况，是董事们决定将创始人从CEO的位子上赶下去，而创始人并不接受，投票有时也会针对有争议的融资计划进行。即便如此，投票罢免创始人的情况也很少见。不是因为董事会不需要让创始人下台，而是董事会通常能够通过双方协商同意离职条款，让CEO自愿离职。董事会投票罢免CEO是一个极端的举措，通常会损害公司的市值（尤其是在有后续诉讼的情况下），这是董事会成员和仍持有公司股份的CEO都想要避免的事情。

[1] 现在，作为一家上市公司，SEC要求我们进行投票。但即便如此，投票主要也只是一种形式，因为我们能够通过讨论达成一致。

警示故事

董事会正确而任务错误

Jawbone 是 21 世纪前 10 年末期最令人兴奋的个人电子消费品公司之一，当时它推出了第一款高质量的蓝牙耳机。无线耳机如今很常见，但在当时，它们代表着从有线耳机缠绕的电线中获得自由的新发现。

亚历克斯·阿塞利是第一个承认 Jawbone 面临诸多挑战的人。尽管拥有先发优势，但该公司不得不在 21 世纪 10 年代末关闭。阿塞利谈到，他所犯的其中一个错误就是公司董事会的构成。他们都是非常有经验的投资人和企业管理者，但大多数都来自软件或企业用产品领域，而不是来自个人消费者技术领域，更不用说个人消费类硬件了。“他们对一些细节之处看不清。”阿塞利说，“而你最终想要的，正是一些能看清细节之处的人。”

阿塞利把打造一家初创公司比作攀登珠穆朗玛峰。“你需要有人告诉你该用多少根绳子，或者该走冰隙路线还是冰盖路线。”他说，“个人消费品与企业用产品完全不同。你有存货、有硬件开发，一旦犯了错误就很难挽回，因为你交付了一大堆产品，并且很难把它们再收回来。”如果你的产品有故障，而如果它们是部署在云端，你可以用软件更新的方式来修复缺陷。

回顾往昔，阿塞利希望当初董事会能引入几位对于 Jawbone 面临的问题有直接经验的董事：个人消费品的品牌营销经验、个人消费品的融资和运营经验，还有硬件方面的经验。他说：“对创始人来说，了解自己的业务类型，然后引入曾经登上过那座山峰的人才，是非常重要的。这些人将会提供最大的帮助。”

记住，董事会不是你的老板

作为 CEO，你没有老板。所有责任都由你来承担，与公司运营相关的一切决策都由你来做。（如果你是联合创始人而不是 CEO，那么 CEO 就是你的老板。）

董事会永远不会发号施令，那不是他们的工作职责。当然，有些董事可能会强烈建议说采取某种行动确实是一个好主意，但它仍然只是建议，他们没有权利真正告诉你该做什么。帕特·格雷迪说：“如何吸纳董事会的反馈建议，并从他们想要采取的行动中进行选择，都取决于 CEO。毕竟，董事会可能是错的。”

董事会像你老板的唯一原因，就是他们有权解雇你，并聘用另一位 CEO。他们代表了股东，确保公司运转良好是他们的责任。如果他们对你的选择失去信心，他们可能会决定放弃你。“如果你是那种感觉自己需要为别人做事的人，那就把他们当成你的老板。”格雷迪补充道。否则，只要把他们看作是具有高度积极性以确保你把事情做好的战略合作伙伴即可。

当问题出现时

董事是你的团队的一员，当董事的表现出现问题时，要像对待员工一样处理（当然，要记住这个人不是员工）：

当一名董事参与度不够，但你想留住他时。

如果你知道一名董事很有价值，但他似乎并不投入，例如，他在参加董事会会议时没有做好准备，或者没有参与讨论，那就主动去让他知道你很重视他的参与，并问他你是否可以做些什么来提高他的参与度。

当一名董事参与度不够，而你也不想留下他时。

有时你会意识到某些人并不合适，或者他们并没有你所希望的那么多东西可以帮助你。在这种情况下，可以尊重但直接地指出他们缺乏参与度。“你可以直接去对他们说：‘看起来你并不想待在这里。如果我没理解错的话，你是想辞任吗？’”帕特·格雷迪建议道。可能是因为他们的生活发生了变化，又或者他们只是没有预想的那么多时间，他们可能真的乐于退出。

当你想用一名董事的同事来替换他时。

这很棘手。如果一名风险投资机构指派的董事不能胜任，你可能会认为他们机构的其他人会做得更好。你是否有资格要求投资机构换人，取决于你公司的发展情况好坏。如果你是他们投资的初创公司中业绩最好的公司之一，他们会尽力让你开心，为你提供便利。但如果你公司的表现处于他们投资组合的中间位置，或更糟的是处于底部，他们可能就不会接受你的请求。（对他们来说，换人是一个破坏性的举动，涉及自尊等方面的问题。）那么作为替代，你可能要去寻找一些方法来帮助这名董事，使其工作更有成效。

如何在董事会中建立信誉

以及如何失去信誉

一开始，你的董事会是认为你很优秀的。如果不是这样，他们也不会支持你。然而一旦他们开始与你近距离合作，情况就会改变。你需要在董事会中保持信誉，因为当你遇到困难时，他们有能力为你提供支持。如果他们对你失去信任，他们就不会这么做。而信任，一旦失去就很难再重新获得。

你在董事会中的信誉取决于两件事：

1 **诚实。**向董事会坦陈公司的状况——你在哪些方面表现良好、在哪些方面面临挑战。想要描绘一幅美好的图景是很自然的事，但一幅过于美好的图景无法让你从董事们那里获得你需要的帮助。更糟糕的是，他们会看穿这一切，他们都是过来人。谢尔耶·阿尔尚博说：“如果我要问很多问题才能了解公司的状况，那我就会怀疑还有什么事情是我不知道的。”

2 **执行。**如果你说打算做什么，那就去做。董事会的职责是确保公司能够发展壮大。相信 CEO 有能力扩大公司规模的最基本方式，就是看他能不能坚持到底。如果你没有兑现承诺，董事会就会质疑你以后是否有能力解决更大的问题。

与之相对的，有一件事不会影响你在董事会中的信誉，那就是你是否采纳了他们的所有建议。事实上，全盘采纳可能是一个危险的信号。“没有人比你更了解这家公司。”阿尔尚博说，“如果一个 CEO 总是对董事会言听计从，那么我会很担心。”相反，你要倾听他们的建议，然后像对待其他经验和洞察力为你所看重的人那样去处理那些建议。将他们的智慧与你已经了解的业务相结合，然后做出对公司有利的决策。

顾问委员会并非必要

他们不值得花钱花时间

顾问委员会就是一群专业人士，你可以利用他们的专业知识。但他们不像董事会那样在监督或治理方面发挥作用，相反，他们是以股份为报酬的“预聘人员”，所以你可以就公司正在努力解决的特定问题从他们那里得到见解或帮助。此外，如果他们特别有名，他们的名字出现在你公司的网站上会有助于吸引潜在的投资人、员工或客户。

从理论上讲，顾问委员会听起来很不错，但我要提出颇具争议的观点：我不认为设置顾问委员会是一个好主意。原因如下：

- **顾问们的参与度不够，无法提供真正的帮助。**当然，你可以经常打电话联系他们，但他们对你的产品或公司的现状缺乏深入了解，无法提供非常有用的见解，你甚至要在电话中花上几小时帮他们了解情况。此外，他们并不总是像董事会成员那样容易联系到，他们只是在有空的时候才挤出一点点时间给你，有时还会表现得好像在帮你的忙。有些人甚至忘记自己是你的顾问，当你打电话寻求帮助时，必须提醒他们曾做出的承诺。这很难以置信，但却是事实。

- **你付出了很多，却得不到什么回报。**顾问协议期通常只有一年。一年期满后过了 3 个月，你还想与鲍勃顾问交流吗？从技术上讲，你要么运气不好，他不同意；要么就得重新起草一份顾问协议（通常他会要求更多的股份），而他之前就已经获得了你公司的股份，并且你正在拼命工作让这些股份变得更有价值——考虑到这些，着实让人恼火。
- **顾问股份越来越多，会让你的资本结构表变得复杂。**资本结构表是一份记录文件，其中列出所有拥有公司股份的人，以及他们拥有的各种权利。公司每完成一轮新的融资，都会根据与新一轮投资人签署的协议更新资本结构表。管理资本结构表非常麻烦，而顾问的股份很快就变成退化的遗迹——它们曾经可能有用，但现在已经没用了。

结论：设立一个顾问委员会不仅复杂，成本也很高。你还不如去同行人脉圈里寻求帮助，或者聘请一位特定的专家担任顾问。如果只是咨询一个不牵扯其他事务的单纯的问题，你也可以试试看是否有人愿意帮你一个忙与你交流。有些人是乐于帮忙的，尤其是如果他们也能向你学习的话。（例如，他们可能想从你这里了解到对于客户或行业动态的前沿观点。）只是别忘了之后送他们一瓶好酒，以聊表谢意。

第12章

IPO

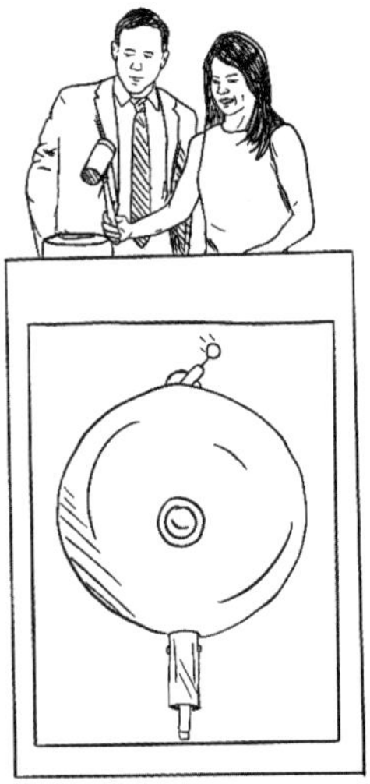

Okta 于 2017 年 4 月 7 日周五上市。我们以每股 17 美元的价格发行了 1 100 万股。那天早上，当我们敲响纳斯达克的开盘钟时，在电视上看起来可能相当精彩。虽然我们花了 8 年时间才实现这个目标，但按照外部的标准，我们已经取得了成功。

但我和麦金农都不这么看。IPO 并不是终点线，它只是一个开端，更像是高中毕业，而现在是真正开始快速行动的时候了。

关于 IPO 有很多神话，多到人们很容易相信，创立一家公司的全部意义就在于上市：套现；然后退休，在海滩上晒太阳并开始计划乘火箭去火星。

但这是错误的。IPO 只是公司走向更大规模的路上的一个中转站。微软刚上市的时候估值为 6 亿美元，目前则已超过 2.5 万亿美元；Stitch Fix 在 2017 年上市时的估值是 16 亿美元，4 年后估值超过了当时的两倍。

没有人研究过，从 0 到 IPO 的初创公司占全部初创公司的比例是多少，但如果看看每轮融资的下降率，很明显其数量微乎其微。粗略估计，获得 A 轮融资的公司中，只有十分之一真正能被收购或实现上市。所以如果你的动机是快速致富，请接受我的建议：做点别的事情吧。

事实上，如果你只从本书里吸取到一个教训的话，我希望它是：找到你热爱的事情，并专注于它。如果这件事恰好是打造一家公司，那么 IPO 不会改变什么。在 IPO 之前，你要为自己的公司奋斗；在 IPO 之后，你还是要为它奋斗。

以下是我在 Okta 完成 IPO 之后的经历：开市仪式结束后，我和麦金农飞回旧金山，为我们所有的员工及他们的家人举办了一场派对。然后，周末的大部分时间我都在睡觉。周一早上，我早早起床，早上 7 点回到办公室，与一家大型欧洲银行开销售电话会议。这就是变成一家上市公司之后的样子，没有躺在功劳簿上睡大觉，没有飞往热带岛屿寻欢作乐。我们赢得了吃馅饼大赛，现在是吃更多馅饼的时候了。

发行还是不发行

上市的好处和坏处

虽然围绕 IPO 的大部分宣传都集中在哪些参与者突然暴富上，但对公司本身而言，上市只是一个转折点。很多新上市的公司从技术上看仍处于起步阶段，上市通常是公司发展壮大的一个步骤，成为上市公司能带来很多作为私有公司所不具备的优势。我想提醒创业者，IPO 不仅是去募资，而是让公司变成一家公众公司！

见 解

以前我们看过别人在纽约证券交易所敲上市钟，所以觉得走上敲钟台就像走红地毯一样。但实际上，你先得穿过大楼后面的一些旧楼梯，你都不知道它们会通向哪里；然后你打开一扇门，“砰”，你突然就到了。站在敲钟台上，俯看下面整个纽约证券交易所，那感觉真是太神奇了。

——帕克·哈里斯
Salesforce 公司

上市的五大好处

1 **它会提升你的形象。**IPO 是一次千载难逢的媒体曝光机会。很多出版物都会对你进行报道，有些还是第一次报道你。此外，整体的兴奋感会激发潜在客户的热情。

2 **你会获得新客户。**如果你只是一家小型的私有公司，很多大企业和政府机构都不会从你这里采购。对它们来说，私有公司的风险太大：如果所指望的公司破产了怎么办？成为上市公司会让财务状况公开化，那些大的潜在客户现在可以放心了：你是一家合法的且蓬勃发展的企业。

3 **国际客户变得更感兴趣。**纳斯达克和纽约证券交易所，以及伦敦、香港、东京证券交易所等，是世界上几家最大的证券交易所，在这样的交易所挂牌上市可以提升你公司在海外的地位，有助于开辟新的市场。

4 **一批新的员工和高管有兴趣为你工作。**初创公司并不适合所有人。如果是有房屋抵押贷款或者有孩子要上大学的人，那么他们就不能接受用减薪去赌一家很可能失败的初创公司。很多你公司要做大所需的领域的专家，都想要较强的稳定性，而这是以前的你所不能提供的。但现在，他们愿意加入了。

5 **它是一种更有效的融资方式。**从风险投资人那里融资，需要大量时间进行一次又一次的会谈，为了获得小额现金不得不付出大量股份。一旦你进入了公开交易所，只需一个上午，你就可以通过在公开市场发行债券或出售股票筹集到 10 亿美元。

上市带来的也不全是阳光和彩虹，也有复杂的问题。

上市的三大坏处

1 **你现在是站到了季度的跑步机上。**一旦公司上市，你就需要提交季度报告，说明公司的经营情况。突然间，你不得不开始以 90 天为周期进行思考。这是一个巨大的转变。它让创新变得更加困难。创新需要投资，这在短期内会增加成本，这是华尔街不喜欢看到的，因此做出如何发展公司的决策将变得困难许多。

2 **你对待员工不能像之前那样透明。**在 Okta，透明度是我们公司的价值观之一，但 SEC 关于季度结束前后“静默期”的规定，意味着有很多事情在大约半年的时间里，我们都不能公开讨论。实际上，我和麦金农现在必须把所有的演讲文稿都提交给法务部门，以确保我们不会在无意中触犯法律。“无可奉告”从此成为你的口头禅。

3 **你会受到股市风云变幻的影响。**你的公司可能运营良好，但如果你是一家科技公司，而华尔街突然对科技股失去兴趣，你可能会看到公司的股价暴跌，而这并不是你自己的错。

见 解

我们想建立一家特殊的公司，让员工开心，也让客户开心，我们做一些有趣、创新的事，IPO 只是前进道路上的一步。公司上市时的年收入略高于 2 亿美元，现在的年收入预计是 27 亿美元。因此，IPO 是一个成年礼，它不是终点，而是一个帮助你继续加快公司发展的站点。

——阿尼尔·布哈斯利
Workday 公司

这是你的亮相派对，不是他们的

大多数 CEO 都畏惧冗长烦琐、成本高昂的 IPO 筹备过程。Eventbrite 公司的联合创始人朱莉娅·哈茨说："我找不到一个人是说自己喜欢筹备上市的。"大多数 CEO 都认为这是一件不可避免的糟心事，很多人还尽可能地将具体工作交给他们的 CFO。但朱莉娅·哈茨不是这样。"如果你有明确的意图，上市就是一个非常积极的、能推动公司发展的时刻。"她说。她的处理方式如下：

她掌控局面

"通常情况下，一群银行家和律师会把你的公司翻个底朝天，这件事他们干过无数次了。"朱莉娅·哈茨说。这给初创公司的高管们带来了很多麻烦和干扰。"我想，如果我们要上市，就必须按我们自己的方式去做，并努力从中获得最大的价值。"于是，朱莉娅·哈茨邀请所有那些外部专业人士，到她家举行上市启动会。"孩子们给他们端来饮料，我则给他们分发 Eventbrite 球衣。"她说。它就像一场入会仪式，"我告诉他们：'我们现在是一个团队了。我们要营造一种相互尊重、相互负责的氛围。'"

她把起草 S–1 申报文件变成一次战略演习

S–1 是 SEC 的正式文件，公司必须提交该文件才能在拟挂牌的交易所登记股票。起草这份文件非常烦人，而朱莉娅·哈茨决定将这个过程当作回顾 Eventbrite 12 年历史的机会。"它让我们非常清楚自己已经打造了什么、未来要走向何方。"她回忆道，"我们是在规划公司的战略，并第一次真正定义了我们在世界范围内的市场。"

她把 IPO 做成一场品牌活动

一直以来，人们都将 Eventbrite 与 Ticketmaster 以及其他票务服务混为一谈，但实际上 Eventbrite 的运作模式完全不同，它是为个人和中小型组织提供活动的创建、推广及门票销售相关的一切服务。沟通的最好方式是通过用户的故事，Eventbrite 把这些故事融入自己的 S–1 申报文件和投资者介绍中。"我们通过用户的故事，来解释我们的与众不同，以及人们为什么会购买我们的产品。"朱莉娅·哈茨说。在纽约证券交易所敲钟的时候，他们邀请了一些用户参与进来。2018 年 9 月，Eventbrite 以每股 23 美元的价格上市，融资 2.3 亿美元。"通过上市，我们变成了一家更为强大的公司。"她表示。这笔资金有助于公司加快为客户开发新的功能和服务。

IPO 路演

不适合胆小的人

在 IPO 开始之前的两周，你将在全国各地进行一次旋风式的旅行，即“路演”。你要与机构投资者讨论公司的情况，他们会决定是否购买你的股票。这是一趟令人精疲力尽的探险。在两周的时间里，我和麦金农在纽约、洛杉矶、波士顿、费城、巴尔的摩、堪萨斯城以及我们的家乡旧金山，与 262 家投资机构的 330 名投资者进行了会谈。

这趟旅程还有一个长期的目标。你希望这些投资者对你和你的公司建立信心，这样，在未来几年里当你遭遇不可避免的困境时，他们就不会争相逃离。要实现这个目标，最好的方法就是与他们见面，并亲自陈述你的观点。

你的承销商[1]会带你完成向投资者路演的过程，但下面是投资银行家不会告诉你的一些技巧：

要做的事

- **调整自己的节奏。**你可能一天有 10 ~ 15 场投资者见面会，你必须给他们每个人都做一场精彩的演示。多做深呼吸、好好吃饭、能睡觉的时候尽量睡、多喝水、定期与家人联系。

- **倾听。**这既是一个投资者了解你的机会，又是一个你了解他们的机会。其中一些投资机构将成为你公司的重要股东，在公司前进的过程中，它们要扮演的角色与风险投资人在过去所扮演的一样重要。

- **记下谁应该优先认购，谁不应该。**投资者与你会面后，他们会告诉你的承销商他们是否愿意参与认购；如果愿意，他们想买多少股票、价格是多少。这就是所谓的“路演询价”。如果你足够幸运，获得了超额认购（对你的股票的购买需求超过了拟发行的股票数量），那么，作为创始人，你（以及你的顾问、董事会成员和投资银行家）就要决定谁能购买多少。[2]

  在路演期间，我让一名团队成员小心翼翼地给我们见过的每位投资者拍照，这样，当我们之后确定路演询价的情况时，可以记起来他们都是谁。这听起来可能是很琐碎的事，但我们确实获得了超额认购，所以在这种情况下，我们决定谁能购买股票的理由很简单，就是看谁给人的印象很正派，而谁的行为像个混蛋。

- **带上足够的衣服，这样你每天都有干净的行头。**你没有时间在酒店洗衣服。

[1] 承销商是一家或几家投资银行，负责完成 IPO 的后勤工作。

[2] Okta 的 IPO 最终获得了大量超额认购，我们收到的认购请求几乎是我们发行的股票数量的 27 倍。你可能在媒体上读到很多关于超额认购的报道，这是一个让他们兴奋的指标，但经常被夸大了。它最大的意义在于表明我们成功地让华尔街相信，我们是一家值得押注的公司。

不要做的事

- **过于骄傲或过于沮丧。**如果一场见面会进展不顺利，继续前进，前面还有 20、40 或 60 场见面会等着你；如果进展很好，不要让它冲昏你的头脑。每一场新的见面会开始前，都要将记分牌归零。一切按部就班进行。
- **在外面呆到很晚，或者约朋友见面。**要把首要的事情放在首位：你来这里是为了打动投资者，而如果你有一分钟时间不用做此事，这一分钟应该用来睡觉、吃饭或做准备。
- **被过程压垮。**说起来容易做起来难。我当然会常常碰壁，但如果可以的话，在会议间隙或者从一个城市飞往另一个城市的途中，花上一两分钟时间暂停一下，喘口气，笑一个。一切很快就会结束的！

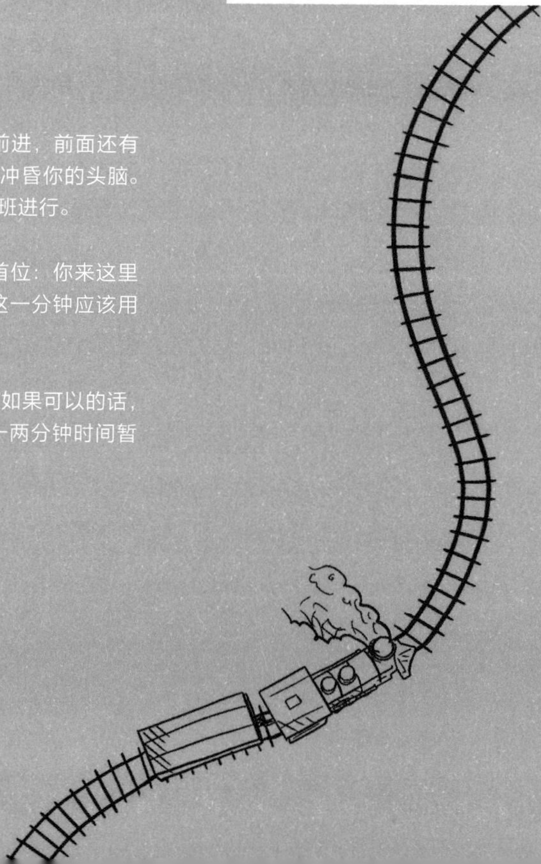

IPO 的替代方案

上市还有其他途径

进行 IPO 是一个漫长而昂贵的过程。承销商会收取很高的费用，通常占公司 IPO 募资总额的 3% ~ 7%。如果股价在上市第一天就“暴涨”，那初创公司最终会损失一大笔钱。这对投资者来说是一件好事，但对公司来说就不那么好了，因为如果股票的定价高于市价，公司原本可以获得的额外收益将付诸东流。近年来，一些初创公司已经转向另外两种进入公共交易所的途径。每种都各有利弊：

1 **直接上市。**在 IPO 中，承销商为整个过程提供了便利。它们帮助投资者了解公司，帮助他们建立对拟购买的股票的信心和兴趣。而直接上市时，公司把自己放在交易所即可。这是一个简单得多的过程，并且费用也低得多。此外，股票的出售没有锁定期[1]。在直接上市中，任何股东都可以立即出售其持有的股票。

但与 IPO 不同的是，直接上市不涉及新股的发行，因此无法为公司募集资金。选择走这条路的，是已经拥有了健康的资金支持的公司。但在交易所挂牌上市之后，公司的原始投资人就可以套现了。不过，由于缺少投资者的教育过程，如果没有大量买家出现，那些不知名的公司可能会遭受损失。

已经进行了直接上市的公司有：Slack 公司、Spotify 公司和 Asana 公司。

已经进行了直接上市的公司有：

Slack 公司

Spotify 公司

Asana 公司

[1] 负责监管股市的 SEC 通常会禁止股东在公司上市后 90 天或 180 天内抛售股票，这就是所谓的“锁定期”。此举是为了防止在公司上市当天市场上出现大量股票。

2 **SPAC（特殊目的收购公司）**。这种途径有些复杂，所以请耐心听我说。SPAC 是一家空壳公司，该公司通过 IPO 的方式在公开交易所募集资金，目的是收购一家尚未披露名字的公司。投资者之所以愿意参与 SPAC 的投资，是因为他们对公司背后的实控人有信心——就像有限合伙人因为对风险投资人有信心而愿意参与其所设立的风险投资基金一样。

一家初创公司可以用被 SPAC 收购的方式，通过后门上市。选择走这条路的主要原因，仅因为速度快。IPO 的过程需要很长时间，而被一家 SPAC 收购只需要与其直接谈判。一旦收购完成，SPAC 的股东手里已握有的股票就可以通过交易所套现。

已通过 SPAC 上市的公司有：DraftKings 公司、Virgin Galactic 公司、Vivint Smart Home 公司。

已通过 SPAC 上市的公司有：

DraftKings 公司

Virgin Galactic 公司

Vivint Smart Home 公司

还没准备好？别勉强自己

一个几乎致命的错误，是在你还没有真正做好准备之前就上市。你需要成为一家华尔街可以信赖的公司，否则你会受到重创，你的股价会大跌，因为投资者对你的业绩缺乏信心。

你怎么知道是否准备好了呢？一个关键的经验法则是：公司在 IPO 前至少有 4 个季度（8 个季度更好）具备“像上市公司一样运营”的记录，它可以归结为要能准确预测未来几个季度的关键指标（包括收入、利润、现金流和盈利能力等）。你需要掌握这些，因为一旦上市，大多数公司都会给华尔街提供业绩指引，告诉投资者你的公司下一季度和下一年的预期数字，而你必须能够兑现自己的承诺。

通常需要 16 个季度持续准确的预测，才能让华尔街对一家公司建立起信心。为什么这事很重要？因为无论你做得有多好，都不可避免会遇到一些坎坷，实现不了预期。对你公司有信心的投资者更愿意原谅你的一些业绩波动，他们会把其归结为偶然因素，而并不代表你的公司有任何根本性的问题。如果缺乏这样的信心，意味着这些波动会让投资者们逃之夭夭。

下一步做什么

正如我在前文所说的，我和麦金农把 Okta 的 IPO 视为高中毕业典礼。在之前的 8 年中，我们已经掌握了创建和经营一家伟大公司的基础知识。我们想出了一款大企业想要购买的产品，然后对它进行改进使得它功能更为强大。我们把所有部件都放在了适当的位置上，以便进行规模化运营。我们已经证明自己可以创造持续且可观的利润。但我们仍然计划要将公司发展得比提交 S-1 文件并在纳斯达克上市敲钟时更大——大得多。上市意味着我们已做好真正开始扩张的准备。

IPO 是一个战略选择。它并不像流行的神话让你相信的那样与套现、退休有关。它只与成为一家上市公司并获得上市带来的所有好处有关，那样我们就可以变得比以前更强大。上市意味着会有更多的公司和组织愿意与 Okta 开展业务合作——这些公司规模都很大，它们不会在初创公司身上押注，但现在则愿意与我们交流。我们还可以招聘一大批新的高管和专业人士——他们有能力帮助公司在更大的规模上运营，但他们也不愿意加入初创公司，而倾向于选择更大的上市公司，以求稳定。此外，还有很多潜在的海外企业客户，对它们来说，在纳斯达克上市是一个重要的标志，标志着稳定性和专业能力。

然而，要想实现这一增长，要想继续全力前进，我们就必须确保员工在 IPO 时不会“撞墙”。“撞墙”是跑步者使用的一个术语，用来描述当他们身体能量耗尽时发生的情况。他们的速度会瞬间从每小时 100 公里掉到 0。前一分钟，他们跑得飞快；下一分钟，他们每迈一步都艰难无比。在 Okta，我们必须确保团队不要太过专注于 IPO，不然一旦目标实现，大家就会失去前进的动力和锐气。所以我们做了任何领导者都会做的事：我们把球门的位置移得更远了。

大约在 Okta 上市前 9 个月，我和麦金农开始与员工讨论公司的愿景：我们要把 Okta 打造成一家标志性的科技公司。我们谈到想效仿 Salesforce、甲骨文和英特尔等公司。我们不只是想在数量方面取得成功，我们是想成为所在领域的领导者。我和麦金农向他们解释说，这需要多年的努力才能实现，远远超过上市的节点。我们谈到要获得这一地位需要实现的指标，即这样的公司需要拥有的客户数量、收入规模以及增长模式等。我们解释说，IPO 只是一个更大的梦想的开始。我们谈得越多，我们的团队就越兴奋。

在那段时间，我们做了一件看似反常、但与调整公司目标一致的事情：我们不再谈论 IPO。当然，它在过去的 7 年里一直是一个被无休无止讨论的话题。对于一家公司来说，一旦员工手里的股票期权具有流动性，他们就会关注自己银行账户余额的增长，这是很自然的事。但在 2016 年夏天，当我和麦金农宣布公司将在下一年进行 IPO 时，我们也告诉员工，以后不会再讨论这个话题了。由于 SEC 所要求的“静默期”，即实际上禁止高管公开谈论他们的公司，我们必须这么做，但从战略上讲，我们也希望开始将团队的注意力引向新的目标。

我们还想避免出现员工流失的潜在问题，初创公司一旦上市，这种情况有时就会出现。毕竟一旦可以兑现自己的股份，很多人就会发大财。如果员工开始考虑离职，就不会专注于剩下的工作。我们不希望公司的人才和高价值的员工，因染上“从此不用再工作”病而离开。防止这种情况发生的最好办法，就是给他们一些新的、令人兴奋的大目标。

IPO 是一个战略选择。它并不与套现、退休有关……我们是想成为所在领域的领导者。

在实现目标之前移动球门位置的做法，我们在 Okta 的整个发展过程中一直在用。当然，让大家有机会庆祝自己的重大胜利也是非常重要的。为了庆祝 Okta 的 IPO，我们租下了 AT&T 公园（现在叫甲骨文公园），邀请所有员工带着家人来参加一个大型派对。不过在庆祝的时候，每个人都应该开始朝着下一个目标努力了。例如，如果你让所有人都为公司实现 1 000 万美元的收入而兴奋，那么当收入开始接近 600 万或 800 万美元时，你就需要把目标提高到 2 500 万美元；当 1 000 万美元的收入目标实现时，庆祝一下；当收入达到 2 000 万美元时，再次调整目标，这次是 5 000 万美元；当实现 2 500 万美元的目标时，再庆祝一下……如此一直持续下去。

我告诉你这些，是因为我希望它能给你一些启发。正如我在本书开头所说的，我们的未来取决于你们。绝大多数新的工作机会将来自创业者创立的公司。你们之中成功的人越多，我们的经济就越强大。

我希望现在我已经让你相信了两件事：选择创业会让你走上一条你走过的最艰难的道路；不过它也将是回报最为丰厚的一条道路。我祝你在即将面对险滩和风暴的航行中一帆风顺。如果你经历了那些考验，那么与我一样，你很可能会发现，除它之外没有什么事情是你更想做的。

未来，属于终身学习者

我们正在亲历前所未有的变革——互联网改变了信息传递的方式，指数级技术快速发展并颠覆商业世界，人工智能正在侵占越来越多的人类领地。

面对这些变化，我们需要问自己：未来需要什么样的人才？

答案是，成为终身学习者。终身学习意味着具备全面的知识结构、强大的逻辑思考能力和敏锐的感知力。这是一套能够在不断变化中随时重建、更新认知体系的能力。阅读，无疑是帮助我们整合这些能力的最佳途径。

在充满不确定性的时代，答案并不总是简单地出现在书本之中。“读万卷书”不仅要亲自阅读、广泛阅读，也需要我们深入探索好书的内部世界，让知识不再局限于书本之中。

湛庐阅读 App：与最聪明的人共同进化

我们现在推出全新的湛庐阅读 App，它将成为您在书本之外，践行终身学习的场所。

- 不用考虑“读什么”。这里汇集了湛庐所有纸质书、电子书、有声书和各种阅读服务。
- 可以学习“怎么读”。我们提供包括课程、精读班和讲书在内的全方位阅读解决方案。
- 谁来领读？您能最先了解到作者、译者、专家等大咖的前沿洞见，他们是高质量思想的源泉。
- 与谁共读？您将加入到优秀的读者和终身学习者的行列，他们对阅读和学习具有持久的热情和源源不断的动力。

在湛庐阅读App首页，编辑为您精选了经典书目和优质音视频内容，每天早、中、晚更新，满足您不间断的阅读需求。

【特别专题】【主题书单】【人物特写】等原创专栏，提供专业、深度的解读和选书参考，回应社会议题，是您了解湛庐近千位重要作者思想的独家渠道。

在每本图书的详情页，您将通过深度导读栏目【专家视点】【深度访谈】和【书评】读懂、读透一本好书。

通过这个不设限的学习平台，您在任何时间、任何地点都能获得有价值的思想，并通过阅读实现终身学习。我们邀您共建一个与最聪明的人共同进化的社区，使其成为先进思想交汇的聚集地，这正是我们的使命和价值所在。

Jacques Frederic Kerrest
Zero to IPO
ISBN 978-1-264-27766-7

北京市版权局著作权合同登记号　图字：01-2023-2127

图书在版编目（CIP）数据

从 0 到 IPO / （美）雅克·弗雷德里克·克雷斯特
（Jacques Frederic Kerrest）著 ；桂曙光，桂羽勤译
. -- 北京：中国财政经济出版社，2023.6
书名原文：Zero to IPO
ISBN　978-7-5223-2184-4

Ⅰ．①从…　Ⅱ．①雅…　②桂…　③桂…　Ⅲ．①企业融
资　Ⅳ．①F275.1

中国国家版本馆 CIP 数据核字（2023）第 086076 号

责任编辑：郁东敏　　　　　　　　责任校对：胡永立
封面设计：ablackcover.com　　　　责任印制：张健

从 0 到 IPO
CONG 0 DAO IPO

中国财政经济出版社 出版
URL：http://www.cfeph.cn
E-mail:cfeph@cfemg.cn

社址：北京市海淀区阜成路甲 28 号　　邮政编码：100142
营销中心电话：010-88191522
天猫网店：中国财政经济出版社旗舰店
网址：https：//zgczjjcbs.tmall.com
天津中印联印务有限公司印装　　各地新华书店经销
成品尺寸：185mm×230mm　　16 开　　14.5 印张　　389 760 字
2023 年 6 月第 1 版　　2023 年 6 月天津第 1 次印刷
定价：99.90 元
ISBN 978-7-5223-2184-4
（图书出现印装问题，本社负责调换，电话：010-88190548）
本社图书质量投诉电话：010-88190744
打击盗版举报热线：010-88191661　　QQ：2242791300